BITÁCOF
NUEVA EDICIÓN 2

Curso
de español

MP3
descargable

María Dolores Chamorro
Pablo Martínez Gila

Cuaderno de ejercicios

CRÉDITOS

Autores
María Dolores Chamorro
Pablo Martínez Gila

Coordinación pedagógica
Agustín Garmendia, Neus Sans

Revisión pedagógica
Jaume Muntal, Luisa Pascual

Coordinación editorial
Emilia Conejo

Diseño gráfico y maquetación
Grafica, Pedro Ponciano

Corrección
Carmen Aranda

Ilustraciones
Juanma García Escobar

Grabación CD
Difusión
Locutores: Antonio Béjar, Iñaki Calvo, Bruna Cusí, Luis García Márquez, Agustín Garmendia, Pablo Garrido, Javier Llano, Carmen Mora, Fernanda Oyarvide

Agradecimientos
Antonio Béjar, Ludovica Colussi, Teresa Liencres, Eva Llorens, Edith Moreno, Emilio Marill, Carmen Mora, Sara Torres, Sergio Troitiño, Carolina Domínguez

© Los autores y Difusión, S.L.
Barcelona 2017
ISBN: 978-84-16347-67-4
Reimpresión: julio 2021
Impreso en la UE

Cubierta Taiga/Dreamstime, Furzyk73/Dreamstime, Kseniya Ragozina/Dreamstime; **Intro** pág. 6 Violeta de Lama, 7099333, Jukka Zitting/Flickr, Balearica, Vadymvdrobot/Dreamstime.com, Urban-Collector.com; pág. 7 Nadezda Boltaca/123rf, Bolygomaki/Dreamstime, Kyle T. Webster, Inc., Nanisub/Dreamstime, Cardiae/Dreamstime.com, Viajar24h.com/Flickr, 2016 adidas Colombia LTDA **Unidad 0** pág. 10 Violeta de Lama, pág. 12 Violeta de Lama, Rawpixel/iStockphoto, pág. 13 kazz xk/Fotolia.com, Todd Taulman/Dreamstime.com, Iwka/Dreamstime.com, Chert61/Dreamstime.com, Dev Carr/Getty Images, Difusión, **Unidad 1** pág. 15 Luis García Márquez, Hongqi Zhang (aka Michael Zhang)/Dreamstime, 18 Violeta de Lama, Aliaksandr Mazurkevich/Dreamstime.com, Lightvision/Dreamstime.com, Difusión Parkinsonsniper/Dreamstime.com, 22 Violeta de Lama, 23 Blackslide/Dreamstime.com, 24 Violeta de Lama, 25 Professor film **Unidad 2** pág. 26 Luis García Márquez, 27 Tupungato/Dreamstime, Raul Diaz/Flickr, pág. 27 Angel Luis Simon Martin/Dreamstime, Vince Alongi/Flickr, pág. 28 Velesdesign/Dreamstime, pág. 29 Epstock/Dreamstime, Yejun/Dreamstime, Amabrao/Dreamstime, pág. 30 Violeta de Lama, pág. 31 Wenbin Yu/Dreamstime, pág. 35 Jan Havlicek/Dreamstime, Paco Ayala/Photaki, Rafael Laguillo/Dreamstime, Yarchyk/Dreamstime, pág. 36 ideadiss/Photaki, pág. 37 Professor film **Unidad 3**, pág. 39 Violeta de Lama, pág. 41 Album/Oronoz, Album/akg-images, De Fagundes/Dreamstime, pág. 42 Album, pág. 43 Violeta de Lama, pág. 44 Violeta de Lama, pág. 45 Luis García Márquez, Violeta de Lama, pág. 49 Carlos López de Arenosa **Unidad de repaso 1** pág. 50 Brad Calkins/Dreamstime, Winterberg/Dreamstime, pág. 52 Beisea/Dreamstime, Nancy Dressel/Dreamstime, Photodynamx/Dreamstime, Ken Cole/Dreamstime, Maksim Toome/Dreamstime, Nestorbandrivskyy/Dreamstime, pág. 53 Christian Delbert/Dreamstime, Yauheni Krasnaok/

Dreamstime, Goce Risteski/Dreamstime, Andrew7726/Dreamstime.com **Unidad 4**, pág. 59 Violeta de Lama, pág. 61 Dannyphoto80/Dreamstime, Bjørn Hovdal/Dreamstime, Graphicphoto/Dreamstime, Alexandr Vasilyev/Dreamstime, Lisa F. Young/Dreamstime, Ramunas Bruzas/Dreamstime, pág. 63 Jun Mu/Dreamstime, pág. 65 Difusión, pág. 67 Jiri Hera/Dreamstime, Shane White/Dreamstime, Svitlana Zakharevich/Dreamstime, pág. 69 Professor film **Unidad 5**, pág. 70 Violeta de Lama, pág. 71 Agustín Garmendia, Violeta de Lama, pág. 72 Violeta de Lama, pág. 73 Hemul/Dreamstime, pág. 74 Coveralia, Jeronimo Palacios/Flickr, Susaeta Ediciones S.A., Denis Pepin/Dreamstime, Robert Carner/Dreamstime, Boumenjapet/Dreamstime, Börkur Sigurbjörnsson/Flickr, pág. 77 Luis García Márquez, pág. 79 Violeta de Lama, pág. 81 Professor film **Unidad 6** pág. 82 Violeta de Lama, pág. 84 Wikimedia Commons, pág. 86 Violeta de Lama, pág. 87 Dennis Jarvis/Flickr, Furzyk73/Dreamstime, pág. 91 Wikimedia Commons, pág. 92 Nadezda Boltaca/123rf, Album/Oronoz, Redeo/Flickr, Danielle Almeida/Flickr, Liam Quinn/Flickr, Phillie Casablanca/Flickr, Wikimedia Commons, pág. 93 Professor film **Unidad de repaso 2**, pág. 95 Ron Sumners/Dreamstime, pág. 97 Wavebreak Media Ltd/Dreamstime, Violeta de Lama, pág. 100 Zsolt Horvath/Dreamstime, pág. 101 Julioaldana/Dreamstime **Unidad 7**, pág. 103 Violeta de Lama, pág. 104 Luis García Márquez, Paco Ayala/Photaki, pág. 106 Violeta de Lama, pág. 110 Violeta de Lama, pág. 112 Violeta de Lama, Tyler_derden/Dreamstime, Yury Shirokov/Dreamstime, pág. 113 Professor film **Unidad 8** pág. 119 Stefan Gottschild/Dreamstime, Claudio Fichera/Dreamstime, pág. 121 IS2/Photaki, The Washington Post/Getty Images, Violeta de Lama, pág. 125 Carlos López de Arenosa **Unidad 9**, pág. 126 Violeta de Lama, pág. 127 Andres Rodriguez/Dreamstime, ProductionPerig/Dreamstime, pág. 129 Violeta de Lama, pág. 130 Robbiverte/Dreamstime, pág. 131 Bibiana Tonnelier, pág.

133 Violeta de Lama, pág. 134 Difusión, pág. 135 Difusión, pág. 137 Iván Ruiz-Larrea **Unidad de repaso 3** pág. 141 Luis García Márquez, pág. 143 Jason Stitt/Dreamstime, Luis Alvarenga/Dreamstime

difusión
Centro de Investigación y Publicaciones de Idiomas, S. L

C/ Trafalgar, 10, entlo. 1ª
08010 Barcelona
Tel. (+34) 93 268 03 00
Fax (+34) 93 310 33 40
editorial@difusion.com

www.difusion.com

MIXTO
Papel procedente de fuentes responsables
FSC™ C134275

CUADERNO DE EJERCICIOS
BITÁCORA 2 NUEVA EDICIÓN

En este cuaderno te proponemos una amplia selección de actividades destinadas a reforzar y a profundizar en el trabajo hecho con el Libro del alumno. La mayoría de los ejercicios se pueden resolver individualmente, pero también hay actividades que se deben realizar en clase con uno o más compañeros porque están destinadas, principalmente, a reforzar la capacidad de interactuar oralmente. En las páginas siguientes te explicamos la estructura del cuaderno en detalle.

UNIDADES 0 A 9

EJERCICIOS COMPLEMENTARIOS DE LOS DOSIERES, AGENDAS DE APRENDIZAJE Y TALLERES DE USO

Una amplia gama de ejercicios complementan los dosieres 01 y 02 de cada unidad del Libro del alumno. Te ayudarán a **preparar la lectura y las audiciones** o a **consolidar los diferentes contenidos**.

También hay actividades que complementan la Agenda de aprendizaje. En ellas se proponen **nuevos contextos que invitan a usar de forma reflexiva y significativa las estructuras presentadas**.

En cada unidad encontrarás:

• **Ejercicios de gramática** para reflexionar y profundizar en el funcionamiento de la lengua y para automatizar algunos aspectos formales, en especial de cuestiones morfológicas y sintácticas. En estos casos, hemos considerando siempre un uso contextualizado y significativo de esas formas y hemos evitado los ejercicios de pura manipulación.

• **Comprensiones auditivas** que plantean actividades con documentos orales y trabajo con transcripciones, destinado a observar de manera específica las formas y los recursos de la lengua oral. Están señalizadas con el icono ◄》 1 .

• **Actividades de escritura individual o cooperativa** que posibilitan un nuevo uso de los contenidos léxicos, gramaticales y pragmáticos de la unidad.

• Ejercicios de observación de **cuestiones fonéticas**, de discriminación y de práctica de la **pronunciación**.

• **Actividades de interacción oral** para realizar en pareja o en grupo. Están señalizadas con el icono ⬤⬤ .

• **Actividades para practicar recursos útiles** en la clase de español.

• **Actividades de mediación** entre el español y tu lengua u otras que conoces.

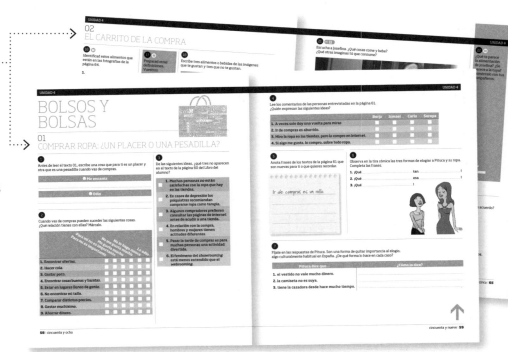

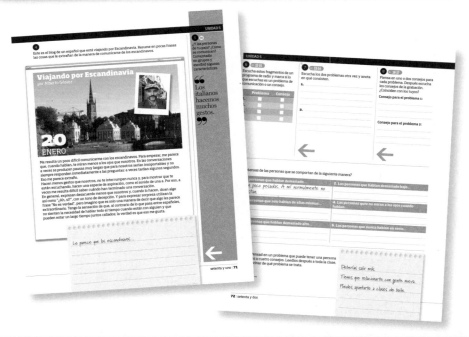

Descárgate los audios en
http://bitacora.difusion.com/audios2ce.zip

ARCHIVO DE LÉXICO

Si en las páginas del Libro del alumno, especialmente en el Archivo de léxico, has descubierto el vocabulario en contexto y has reflexionado sobre su significado y funcionamiento, en esta sección del Cuaderno encontrarás **ejercicios muy variados (clasificar palabras, buscar relaciones, recuperar, memorizar, etc.) que te servirán para retener las unidades léxicas** más importantes de la unidad.

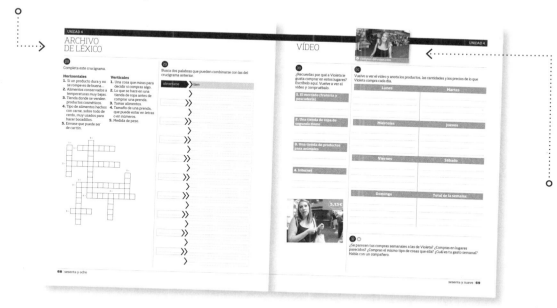

VÍDEO

Al llegar al final de la unidad, puedes volver a ver el vídeo y trabajar con él de manera más detallada. Verás que eres capaz de comprender muchas más cosas y **podrás así comprobar lo que has aprendido a lo largo de la unidad**.

UNIDADES DE REPASO

Cada tres unidades encontrarás una de repaso. Se trata de tres unidades que recogen temas de las unidades anteriores. En ellas, cada actividad aparece marcada con una etiqueta que indica el tema sobre el que se trabaja.

COMPLEMENTOS DEL NOMBRE

ÍNDICE

UNIDAD 0
NOSOTROS Y EL ESPAÑOL

UNIDAD 1
¿TENER O NO TENER?

UNIDAD 2
DOS HABITACIONES Y EL SALÓN

UNIDAD 3
VIDA Y OBRA

NOSOTROS Y EL ESPAÑOL

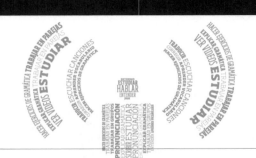

01
NOS CONOCEMOS MÁS

1

Anota las lenguas que se hablan en clase.

lenguas

2

Completa con información sobre ti y luego compara con las respuestas de un compañero. ¿Qué cosas que hace él pueden ser útiles para ti?

1. Para memorizar vocabulario nuevo, yo...

2. Para practicar la pronunciación, yo...

3. Para mejorar la fluidez, yo...

4. Para ampliar vocabulario, yo...

5. Para mejorar la comprensión oral, yo...

6. Para mejorar la comprensión de lectura, yo...

7. En español, leo / veo / escucho / escribo...

8. En español hablo con... , de...

9. En español, me gustaría...

—Para ampliar vocabulario, yo tengo una *app* en el móvil.
—¡Qué buena idea! ¿Cuál?

Algunos alumnos de español han hecho estas afirmaciones sobre su aprendizaje. Marca cuál es tu opinión en cada caso.

4

Discute tus opiniones con tus compañeros.

1. A mí me parece que en clase el profesor tiene que hablar solo en español.
a. Estoy totalmente de acuerdo. Esto es una clase de español, ¿no?
b. Depende, a veces es útil traducir algunas palabras.
c. A mí me parece que el profesor tiene que saber algo de mi idioma.

2. Necesito trabajar yo solo para entender bien todo antes de hacer ejercicios con otros compañeros.
a. Estoy completamente de acuerdo: mis compañeros me pueden confundir.
b. A veces sí y a veces no, depende del ejercicio.
c. No estoy nada de acuerdo porque trabajar con otras personas me ayuda mucho.

3. Internet me parece una herramienta muy útil para aprender español.
a. Sí, es verdad, sin internet ya es imposible aprender nada.
b. Bueno, es una herramienta más, pero no la más importante.
c. ¿Internet para aprender español? No, gracias.

4. Yo aprendo mejor cuando el profesor lo escribe todo en la pizarra.
a. Yo también: necesito verlo escrito para entenderlo bien.
b. Yo creo que el profesor solo tiene que escribir lo que considera importante.
c. Yo no estoy nada de acuerdo: aprendemos mejor oyendo y hablando.

5. Hablar en español con un buen acento es muy importante.
a. Eso es totalmente cierto. Si hablas con mucho acento extranjero, no te entienden bien.
b. El acento es importante, pero no lo más importante. Y depende de con quién hablas.
c. ¿El acento? ¡Qué va! Y además, es muy difícil tener buen acento en español.

6. Lo mejor para aprender es hablar mucho en clase: con el profesor, con otros compañeros...
a. Sí, hablar en clase es lo más importante.
b. Yo pienso que hablar, escribir, leer... todo es importante.
c. En clase hay que hacer sobre todo ejercicios de gramática y de léxico.

7. A mí me encanta observar textos y descubrir yo solo la gramática, no necesito explicaciones del profesor ni del libro.
a. A mí también.
b. A mí solo a veces. Otras veces lo entiendo mejor si el profesor o el libro me lo explican bien.
c. A mí me parece una idea absurda. Es el profesor quien tiene que explicar la gramática.

8. Para avanzar es imprescindible trabajar mucho en casa.
a. Estoy completamente de acuerdo con eso. Trabajar por tu cuenta y hacer deberes es muy importante.
b. Hay que hacer deberes en casa, pero corregirlos en clase.
c. A mí me parece que venir a clase es suficiente.

9. Entender es más difícil que hablar. Necesitamos hacer muchas audiciones en clase.
a. Eso es verdad: puedo hablar un poco, pero no entiendo nada a los nativos cuando hablan.
b. Depende, a veces es más fácil entender que hablar, pero hacer audiciones es importante.
c. Pues yo lo entiendo casi todo, pero tengo problemas para expresar todo lo que quiero.

10. Escribir en el cuaderno un diccionario con las palabras nuevas que aprendemos es muy útil.
a. Estoy totalmente de acuerdo. Yo lo hago todos los días.
b. Claro que puede ser útil, pero no tengo tiempo para hacerlo.
c. Las palabras ya están en el libro escritas, ¿no? ¿Para qué escribirlas otra vez?

5

Escribe las preguntas y luego compara las tuyas con las de un compañero. ¿Tenéis las mismas?

1.

¿ .... ?

La gastronomía y la historia.

2.

¿ .... ?

El otoño.

3.

¿ .... ?

Picasso.

4.

¿ .... ?

Jazz.

5.

¿ .... ?

Leo y hago deporte.

6.

¿ .... ?

No necesito casi nada para ser feliz.

7.

¿ .... ?

El rojo y el azul.

6

Escribe un texto sobre ti. Para ello, escoge cinco de las respuestas del cuestionario y desarróllalas. Recuerda que puedes utilizar conectores como **y**, **o**, **pero**, **por eso**, **porque**, **además**, etc.

1. A mí me gustaría vivir en...

7

Haz esta encuesta a tres compañeros y anota sus respuestas en tu cuaderno.

Los gustos de los compañeros

1. ¿Cómo te gusta el café?
a. Solo y sin azúcar.
b. Solo y con azúcar.
c. Con leche.
d. ....

2. ¿Qué tipo de ropa te gusta más?
a. Deportiva.
b. Original.
c. Elegante.
d. ....

3. ¿Qué lugares de vacaciones te gustan más?
a. Los lugares con mucho ambiente nocturno.
b. Los lugares tranquilos.
c. Los lugares exóticos.
d. ....

4. ¿Qué tipo de hombres/mujeres te gustan más?
a. Rubios/as.
b. Morenos/as.
c. Delgados/as.
d. Atléticos/as.
e. Intelectuales.
f. Deportistas.
g. ....

5. ¿Qué tipo de lugar te gusta más para vivir?
a. Una ciudad cosmopolita.
b. Una ciudad pequeña, pero con vida cultural.
c. Un pueblo bonito y tranquilo.
d. ....

8

Escribe frases sobre lo que has descubierto.

9

Completa los diálogos con las siguientes formas.

- **Me gusta/n**
- **te gusta/n**
- **le gusta/n**
- **nos gusta/n**
- **os gusta/n**
- **les gusta/n**

1.

- ¿Cómo .... trabajar, chicos?
- A mis compañeros .... trabajar en grupos pero a mí .... trabajar en parejas.

2.

- Mira esta camiseta azul. ¿...........................?
- No está mal, pero .... más la roja.

3.

- Tus amigos están siempre en nuestra casa. ¿Es que no .... salir?
- Sí, sí salen. ¿Qué pasa? ¿No........................... mis amigos?

4.

- ¿Cómo .... el café?
- A mí, cortado y a Juan .... solo.

10

Completa las frases con la pregunta **¿Y a ti?** o **¿Y tú?** Contesta después con tu opinión.

1.

- A mí me encanta el cine de Almodóvar. *¿Y a ti?*
- *A mí no, me gusta más el de Amenábar.*

2.

- Yo tengo facilidad para entender las noticias en español. .....
- ....

3.

- A nosotros nos cuesta memorizar palabras nuevas. ....
- ....

4.

- Me gustaría viajar por Sudamérica. ....
- ....

5.

- Para ser feliz necesito un móvil y una conexión a internet.
- ....

11

Elige una respuesta para cada pregunta.

1. ¿Te gustan las tapas?
2. ¿Qué sonidos del español os cuesta pronunciar?
3. ¿Te gustaría vivir en un país de habla hispana?
4. ¿A Laura le interesa la música latina?
5. ¿Qué tal la clase?, ¿os ha gustado?
6. Vamos a ir al teatro. ¿Os apetece venir?

a. A mí la erre y a ella la jota.
b. Sí, pero no todas.
c. A ellas no, pero a nosotros nos ha encantado.
d. A mí me encantaría, pero mi pareja no quiere.
e. Lo siento. Ya tenemos otro plan.
f. Creo que no mucho, pero a mí me encanta.

12

Corrige los errores que un profesor le ha señalado a una estudiante de español.

Hola, Carmen:

¡Ya estoy en España con miles de estudiantes Erasmus más! Aquí hay polacos, checos, italianos, alemanes, chinos... de todo.

Estoy muy contenta porque todo es genial. La ciudad, la casa que tengo, los compañeros del piso. ¡Me encanta mucho conocer gente de distintos sitios! Me gusta la ciudad y a mí encantan los alrededores. He empezado ya las clases en la universidad. El edificio es muy precioso: un palacio del siglo XVI. Al final he elegido dos asignaturas teóricas, Historia del Arte en España y Cultura islámica, y dos asignaturas prácticas: Dibujo artístico y Modelado. El profesor de Cultura islámica es buenísimo y es divertido aprender algo de árabe también. El problema es el horario. Tres veces a la semana tengo la clase a las 8:30, de 8:30 a 10:30, y después nada hasta las 3. Eso es un rollo, porque me odio levantarme muy pronto y luego tengo que esperar varias horas. Prefiero el turno de tarde. Los cursos prácticos también están bien, me encanto las clases de dibujo. La peor es Historia del Arte, el programa es interesante, pero la profesor es muy aburridísima. Tiene una voz muy monótona, solo vemos fotografías y al final es un poco pesado.

También no me gustan las clases de español, pero bueno, eso es solo un mes.

¿Y qué tal tú?

Anna

13

Siguiendo el modelo de Anna, escribe una carta a un amigo argentino sobre tu trabajo, tus estudios, etc., con las cosas que te gustan o que no te gustan.

14

Anota qué cosas le gustan a Anna de su vida en España y cuáles no.

Le gusta/n...	No le gusta/n...

15

Completa las preguntas con **qué**, **cuál** o **cuáles** y responde con información personal.

1.

¿..................... es tu bebida preferida?

2.

¿..................... momento del día te gusta más?

3.

¿..................... haces para relajarte?

4.

¿..................... es tu mejor virtud?

5.

¿..................... son tus dos palabras favoritas en español?

6.

¿..................... personaje de la historia española es más conocido en tu país?

7.

¿..................... te interesa más: el cine o el teatro?

8.

¿..................... son las personas más importantes de tu vida?

16

Mira cómo se usan las palabras de los pósteres que habéis hecho en el Taller de uso. Elige cuatro frases que te parecen útiles y completa una ficha como esta para cada una.

Frase:
¿Me pone un café solo, por favor?

¿En qué contexto puedes usarla?
En una cafetería o en un bar.

¿TENER O NO TENER?

01
NO PUEDO VIVIR SIN...

1

Después de leer el texto 01, ¿cuál de estas opciones te parece mejor como título alternativo?

1. Las cosas no dan la felicidad ☐
2. Nuestros objetos y nosotros ☐
3. Vivimos rodeados de demasiados objetos ☐
4. Cosas innecesarias: ¿sabemos qué tenemos en casa? ☐

2

Escribe aquí cinco palabras clave del texto 01. Compara después tu lista con la de un compañero. ¿Habéis elegido las mismas?

1. ....
2. ....
3. ....
4. ....
5. ....

3

Cierra el libro y completa el texto con las palabras que recuerdas u otras posibles. Compara después con el texto 01.

Vivimos rodeados de ....:
nuestros bolsillos, nuestros bolsos, nuestras
.... y nuestras casas están
llenas de cosas .... Pero
hay algunos objetos ....
que sí necesitamos porque nos hacen sentir
.... Hemos preguntado
a varias personas cuáles son esas cosas que
necesitan.

Son cosas ....: una
cámara de fotos, un viejo sillón, una pluma... ¿La
.... está en estas cosas?
Muchos expertos en el comportamiento humano
dicen que .... lo que nos hace
felices son esas cosas ....
para nosotros. Sin ellas, la vida sería menos
....

Una frase de cada serie no corresponde con la información que dan las personas de la página 24. Márcala.

1. Jacinto dice que...

a. cuando está cansado no toca el piano.
b. toca si está triste.
c. lo toca en cualquier ocasión.

2. Itziar dice que...

a. usa sus patines siempre que puede.
b. prefiere patinar sola.
c. patinar es una actividad relajante.

3. Álvaro dice que...

a. utiliza su tableta en todas partes.
b. le gusta oír música en su tableta.
c. nunca la usa para jugar.

4. Tania dice que...

a. sus gafas son imprescindibles para ella.
b. le duele la cabeza si las lleva mucho rato.
c. las usa para leer.

Pregunta a dos personas de tu entorno (familia, amigos, etc.) y escribe un texto sobre sus objetos preferidos. Sigue el modelo de los textos de la página 24.

Nombre:
....

Profesión:
....

No puede vivir sin...
....
....
....
....
....
....

Nombre:
....

Profesión:
....

No puede vivir sin...
....
....
....
....
....
....

6 ⚭

Leed los textos en clase. ¿Quién presenta a la persona con el objeto más original?

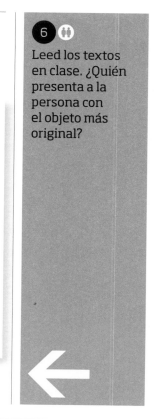

Fíjate en la ropa y en objetos de los compañeros de clase. Elige tres cosas y haz una ficha con el máximo de información que puedas. Tus compañeros tienen que decir de quién es esa prenda u objeto.

Una bolsa de tela de color rojo, con flores, para guardar los bolis, que compró en España…

¿A quién se refiere cada frase?

1. Lleva la pistola en los pantalones.
2. Lleva una pistola en los pantalones.

| Un policía | ☐ | Un abogado | ☐ |

3. Lleva la bandeja vacía.
4. Lleva una bandeja vacía.

| Un bombero | ☐ | Un camarero | ☐ |

5. Lleva la cámara en la mano.
6. Lleva una cámara en la mano.

| Un camarero | ☐ | Un fotógrafo | ☐ |

Completa las conversaciones con los artículos necesarios: **el**, **la**, **los**, **las** o **un**, **una**, **unos**, **unas**.

1. Un profesor de español y un alumno

– ¿Qué llevas en la cartera?

– Las tarjetas, ... pasaporte, ... carné de conducir, la foto de mi novia, dinero, un billete de lotería y .... entrada de cine vieja.

2. Un policía habla con otro sobre un detenido

– ¿Qué lleva en la cartera?

– Unas tarjetas, ... pasaporte falso, ... carné de conducir, ... foto, dinero, un billete de lotería y .... entrada de cine vieja.

3. Dos compañeros de viaje en un aeropuerto

– ¿Este es tu equipaje de mano? ¡Pesa mucho! ¿Qué llevas?

– Pues, pocas cosas, ... revistas, un periódico, las gafas, ... tarjeta de embarque, ... DNI, ... monedero, ... llaves de mi casa y .... ordenador.

4. En la oficina de objetos perdidos del aeropuerto, dos empleados

– ¿Qué tiene dentro ese bolso?

– Unas revistas, ... periódico, ... gafas, ... tarjeta de embarque, ... DNI, ... monedero, ... llaves y .... ordenador.

10

¿Y tú? Responde a las preguntas.

1. ¿Qué llevas en la cartera?

....
....
....
....
....

2. ¿Qué tienes en tu mesa de trabajo / de estudio?

....
....
....
....
....

3. ¿Y en la mesita de noche?

....
....
....
....
....

11

Patricia habla de su nueva casa con su amiga Elvira. Completa la conversación con **el**, **la**, **los**, **las**, **un**, **una**, **unos**, **unas** o sin artículo (ø).

- ¿Qué tal .... nueva casa?

- ¿........................ piso? Está muy bien. Está en .... centro y hay .... autobuses y .... línea de metro que me deja delante de .... oficina. Además, ... barrio es muy tranquilo.

- ¡Qué bien!

- Tiene .... salón muy grande, ... habitación para mí y .... para invitados. Y .... baño muy pequeño, pero que está bien.

- ¿Tiene .... electrodomésticos y .... muebles?

- .... electrodomésticos, sí. Hay .... lavadora, ... secadora y .... nevera. Pero .... nevera no funciona muy bien. Creo que voy a comprar .... nueva. ¡Pero ahora no tengo .... dinero! Y .... muebles no tiene.

- ¿Y lo tienes que amueblar tú?

- Bueno, he comprado .... cama y .... sofá; y he llevado .... mesa muy bonita, antigua, la que tenía en .... otro piso. .... único problema es que no hay .... ascensor.

- Bueno, así haces .... ejercicio. Oye, pues a ver cuándo me invitas a cenar.

- Es que todavía no tengo .... platos ni .... vasos ni nada.

- ¡Pues pedimos .... pizzas!

12

Relaciona cada pregunta con su respuesta correspondiente.

1.		2.	
¿Llevas aspirinas? ¿Llevas las llaves de casa?	No, no llevo. Sí, las llevo.	¿Llevas el cargador del móvil? ¿Llevas dinero?	Sí, lo llevo. Sí, sí llevo.
3.		**4.**	
¿Llevas un libro para leer en el tren? ¿Llevas el libro que te regalé?	Sí, llevo uno. Sí, lo llevo.	¿Llevas una agenda? ¿Llevas la cartera?	No, nunca llevo. Sí, sí la llevo.

02
MIS COSAS Y YO

13

Escribe tres frases para describir tu carácter.

> No soy nada práctico.

14

En este test faltan opciones para poder contestar. Complétalo.

1. Tus vacaciones ideales

....
....
....
....

2. Un objeto que llevarías a una isla desierta

....
....
....
....

3. Algo interesante para hacer un domingo por la tarde

....
....
....
....

15

Unos compañeros de piso se separan y hablan de qué van a hacer con algunas cosas. Descubre a qué se refieren los pronombres de objeto directo (OD) **lo**, **la**, **los**, **las**. A veces hay más de una opción.

- el piano
- la alfombra
- las sillas
- los platos
- el perro
- la gata
- las plantas
- los armarios

¿A qué se refiere lo, la, los, las?

1. Luis **la** cuida muy bien y **la** alimenta con productos especiales.

2. Yo **lo** llevo a pasear todos los días.

3. **Lo** tocamos todos muy mal.

4. **Los** podemos vender en una tienda de segunda mano.

5. Es marroquí. **La** compré en un viaje.

6. Son muy feos y cuesta moverlos, **los** podemos dejar aquí.

7. Nadie **las** cuida, pero están muy verdes y muy bonitas.

8. Son de madera buena, ¿alguien **las** quiere?

16

Los mismos compañeros discuten sobre otras cuestiones referidas a personas. Marca a quién se refieren los pronombres **lo**, **la**, **los**, **las**.

	al propietario de la casa	a los vecinos de abajo	a la novia de Luis	a las vecinas de arriba
1. **Lo** llamamos el último día para darle las llaves.	☐	☐	☐	☐
2. ¿**La** llamas y **la** invitas a la fiesta de despedida?	☐	☐	☐	☐
3. **Los** llamo para darles las plantas.	☐	☐	☐	☐
4. **Las** invitamos a cenar.	☐	☐	☐	☐
5. ¿**Lo** queréis invitar a la fiesta?	☐	☐	☐	☐

17

¿Cuál es el sujeto de las frases del ejercicio anterior?

Sujeto

1. ....
2. ....
3. ....
4. ....
5. ....

18

Lee estas fichas. ¿A qué elemento de la lista se refiere cada una?

- el pan
- la cerveza
- el pie
- la mano
- el pasaporte
- la cartera

- No lo tienes que llevar siempre contigo.
- Normalmente lo guardas en el mismo lugar para no perderlo.
- Alguna gente lo lleva en el bolso o en la cartera, pero la mayoría no.
- Lo tienes que cambiar cada ocho o diez años.
- La policía puede pedírtelo en algunos lugares.

- La usas para todo.
- A veces la pones en el bolsillo del pantalón.
- La lavas a menudo.
- Algunas personas saben leerla.
- Cuando escribes, la ves.

....

19

Escribe dos definiciones como las anteriores, usando los pronombres de OD **lo**, **la**, **los**, **las**. Tus compañeros tienen que adivinar de qué se trata.

20

En unos grandes almacenes, dos amigas deciden qué regalos comprar. Escucha y completa la tabla.

	Regalo	Características del regalo
1. Para su madre	....	....
2. Para su marido	....	....
3. Para su hermano	....	....

21

Marca a qué tipo de objeto se puede referir cada pregunta.

	una bufanda	unas sandalias	un móvil	unas gafas	unos pendientes	unos pantalones	una película	un bolso
1. ¿Cuál es el que más te gusta?	☐	☐	☐	☐	☐	☐	☐	☐
2. ¿Cuál es la que más te gusta?	☐	☐	☐	☐	☐	☐	☐	☐
3. ¿Cuáles son los que más te gustan?	☐	☐	☐	☐	☐	☐	☐	☐
4. ¿Cuáles son las que más te gustan?	☐	☐	☐	☐	☐	☐	☐	☐

22

Completa esta tabla con información sobre ti.

1. Tres ciudades donde has estado	2. Tres cantantes que conoces

3. Tres regalos que te han hecho	4. Tres tipos de zapatos que tienes

5. Tres frutas que comes habitualmente	6. Tres formas de pasar una tarde divertida

23 🎭

Escribe ahora cuál de las cosas del ejercicio anterior te gusta más. Usa **el/la/los/las que** o **lo que**. Coméntalo con un compañero. ¿Coincidís en algo?

1. De las tres ciudades,	2. De los tres cantantes,
la que más me gusta es...	

3. De los tres regalos,	4. De los tres tipos de zapatos,

5. De las tres frutas,	6. Para pasar una tarde divertida,

24

Completa los diálogos con el artículo correspondiente (**un/una**, **el /la**...) si es necesario.

1.

–¿Tienes .... bicicleta?

–No, no tengo .... bicicleta, no me gusta ir en bici.

–Pues yo sí, tengo dos: .... bici de montaña y .... bici de carreras.

2.

–Necesito una copia de este documento. ¿Tenéis .... impresora en tu oficina?

–Sí, tenemos .... impresora digital.

3.

–¿Tu hijo tiene .... ordenador?

–Sí, tiene .... ordenador en la habitación y ... tableta para llevar a la escuela.

4.

–¿Podemos consultar el documento ahora?

–Lo siento, tengo .... ordenador en la oficina.

5.

–El domingo vamos a esquiar y no tengo todavía .... botas de esquí. ¿Vamos a la nueva tienda de deportes?

–Vale, te acompaño. Creo que tienen .... buenas marcas.

6.

–No puedo ir a la excursión, tengo .... mochila en casa de mis padres.

–No te preocupes, yo te presto una.

25

Elige las dos frases que pueden corresponder a cada uno de los objetos.

	Frases
Un reloj	.... y ....
Una manta	.... y ....
Una mecedora	.... y ....
Un sombrero	.... y ....
Un peluche	.... y ....
Una caja de música	.... y ....

1. Me siento a leer en ella.

2. Es de tela.

3. Es de lana de alpaca y es muy caliente.

4. Es de oro y tiene una forma curiosa.

5. Lo compró mi madre cuando yo era pequeña.

6. Con él me siento atractivo.

7. Lo compró mi padre cuando era joven.

8. Cuando la abro, vuelvo a mis 8 o 9 años.

9. La guardo con mucho cuidado porque es de madera y se puede romper.

10. Es algo que llevo cuando quiero ir elegante.

11. Normalmente la tengo en mi cama y me recuerda mi viaje a Perú.

12. No es muy cómoda, pero es un recuerdo de mi abuela.

26

Describe cinco objetos que tienes. Puedes usar las siguientes expresiones.

- **Es una cosa que...**
- **Es algo que...**

Es una cosa que...

27

Lee tus descripciones a un compañero. ¿Puede adivinar qué son?

ARCHIVO DE LÉXICO

28 🔊 **2**

Escucha y marca la frase que oyes.

1.
- [ ] ¿Tienes trabajo?
- [ ] Tienes trabajo.

2.
- [ ] ¿Tengo tiempo?
- [ ] Tengo tiempo.

3.
- [ ] ¿Tenemos clase mañana?
- [ ] Tenemos clase mañana.

4.
- [ ] ¿Tienes que estudiar?
- [ ] Tienes que estudiar.

5.
- [ ] ¿Tenemos tarea para casa?
- [ ] Tenemos tarea para casa.

6.
- [ ] ¿Tenéis prisa?
- [ ] Tenéis prisa.

7.
- [ ] ¿Tienen sueño?
- [ ] Tienen sueño.

8.
- [ ] ¿Tienes que irte?
- [ ] Tienes que irte.

9.
- [ ] ¿Aquí tienen ordenadores baratos?
- [ ] Aquí tienen ordenadores baratos.

10.
- [ ] ¿Tiene novia?
- [ ] Tiene novia.

29

Escribe frases con el verbo **tener** en cada apartado de esta tabla. Puedes ayudarte con la lista de la página 32 del Libro del alumno.

1. Lo que me pasa ahora

Tengo sueño.
No tengo sed.

2. Mi familia y amigos

Tengo...
No tengo...

3. Mis objetos

Tengo bici.
No tengo...

4. Cosas que hacer

Tengo que comprar...
No tengo que...

30

Busca para cada palabra un verbo con el que la puedes relacionar. Usa preposiciones o artículos si te parece necesario.

- **agua**
- **agenda**
- **bocadillo**
- **crema**
- **perfume**
- **mochila**
- **armario**
- **bolso**
- **anillo**
- **tijeras**
- **pañuelos**
- **peine**
- **pinzas**
- **documentos**
- **frigorífico**
- **cartera**
- **llaves**
- **portátil**
- **medicamento**
- **móvil**
- **foto**
- **barra de labios**
- **maleta**
- **chicles**
- **cargador**
- **monedas**
- **bolsillo**

beber agua

escribir en una agenda

31

Lee las definiciones y decide a qué se refieren.

1. Los niños la llevan al colegio o de excursión:

M ☐ ☐ ☐ ☐ ☐ ☐

2. La palabra **portátil** lo lleva en la **a**:

A ☐ ☐ ☐ ☐ ☐

3. A veces lo pones en silencio:

M ☐ ☐ ☐ ☐

4. Lo usamos para trabajar y ver películas:

O ☐ ☐ ☐ ☐ ☐ ☐ ☐

5. Lo tienes cuando no duermes lo suficiente:

S ☐ ☐ ☐

6. Las pides si tienes dolor de cabeza:

A ☐ ☐ ☐ ☐ ☐ ☐ ☐

7. Lo llevas de viaje y lo facturas en el aeropuerto:

E ☐ ☐ ☐ ☐ ☐ ☐

8. Lo llevas en la cartera y lo usas para pagar:

D ☐ ☐ ☐ ☐

VÍDEO

● campus.difusion.com

 32

¿Recuerdas qué objetos aparecen en el vídeo? Relaciona estas definiciones con algunos de ellos.

1. Es un objeto que se usa para escuchar música sin molestar a otras personas.

2. Es una cosa que se utiliza para comer alimentos líquidos como, por ejemplo, la sopa.

3. Es algo que se usa cuando se saca a pasear a un perro, para sujetarlo.

4. Es un objeto que sirve para medir el tiempo con mayor precisión que un reloj.

5. Es una cosa que sirve para cortar papel, tela, etc...

6. Es un objeto que se usa para hacer fuego, para encender, por ejemplo, una vela.

 33 ⊕

Ahora elige otro objeto del vídeo y descríbelo siguiendo el modelo anterior. Tus compañeros tienen que adivinar de qué se trata.

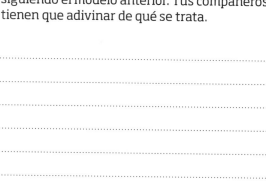

 34

¿Recuerdas por qué llevan estas personas las siguientes cosas? Completa y comprueba tus respuestas con el vídeo (0:58- 01:51).

Una revista para

Unas medias por si

La chaqueta por si

Confeti porque

 35

Traduce a tu lengua las frases de la actividad anterior.

 36 ⊕

Pregunta a cinco personas de tu entorno (familia, amigos...) qué objeto llevan siempre encima y por qué. Anota sus respuestas y luego preséntalas a tus compañeros. ¿Hay respuestas curiosas, originales o interesantes?

DOS HABITACIONES Y EL SALÓN

01
COMO EN CASA, PERO DE VACACIONES

¿Qué opción de COMOENCASA es mejor para cada una de estas familias? ¿Por qué?

Quique y Marisa y sus dos hijos, Carla (3) y Leo (7). Zaragoza (España).

Aficiones: observar pájaros y el esquí náutico.
Preferencias: la vida tranquila y la naturaleza. Odian los lugares muy turísticos.

Ramiro, su novia Marga y Emilio y Clara, los padres de Marga (64 y 58). Montevideo (Uruguay).

Aficiones: ir de compras, ir a la playa, ir a restaurantes.
Preferencias: viven en un pueblo pequeño y quieren lugares animados. Clara odia los aviones.

Abel y Elke. Son novios, ella es alemana y él, español. Berlín (Alemania).

Aficiones: estudian Historia y les interesan las culturas amerindias y la naturaleza.
Preferencias: no quieren gastar mucho dinero.

Para la familia de Ramiro la mejor opción es... 99

2

Completa una ficha como las anteriores con los datos de alguien que conoces.

Nombre y edad:

....

....

....

Aficiones:

....

....

....

Preferencias:

....

....

....

....

 3

Lee la ficha en clase para encontrar una opción entre las casas de tus compañeros o entre las ofertas de COMOENCASA.

 4

Escucha y escribe las reacciones de la amiga de Carlos.

1.

– ¿Qué haces en vacaciones?
– Pues este año quiero ir con dos amigos a Lanzarote. Con Miguel y Antonio. Los conoces, ¿no?

– ....

2.

– Hicimos un curso este invierno y parece que está muy bien bucear en Lanzarote.

– ....

– ¿Y vais a estar en un hotel o alquilar algo?
– Yo prefiero un apartamento, o una casita; tienes más libertad. Haces un poco lo que quieres y...

– ....

3.

– Y entonces he encontrado una casita muy bonita, de tres habitaciones, con su jardín y una pequeña piscina, con vistas al mar.

– ....

4.

– También he pensado en alquilar una autocaravana. Me gusta ir de cámping, pero, claro, no hay muchos en Lanzarote.

– ....

5.

– Es que lo que no me gusta son los hoteles grandes. Los de "todo incluido", con sus bufés libres y sus comedores gigantes y toda esa gente que no sale del hotel... ¡Buf!, es que no me gusta nada.

– ....

 5

Busca en los textos de las páginas 36 y 37 ejemplos de las siguientes estructuras y escríbelos en esta tabla.

nombre + adjetivo	nombre + de + nombre
centro turístico	estación de esquí
aire acondicionado	sala de internet

 6

Traduce a tu lengua las expresiones del ejercicio anterior. ¿Tienen la misma estructura que en español?

7

Completa con la información de las cuatro casas de las páginas 36 y 37.

Es ....
un estudio ....
Está en ....
....

Está a ....
Tiene vistas a ....
....

Tiene ....

Es ....
....
Está en un gran bosque en la región
de Araucania ....

Está a ....
Tiene vistas a ....
....

Tiene ....

Es ....
....
Está en ....
....

Está a 55 km de Madrid ....
Tiene vistas a ....
....

Tiene ....

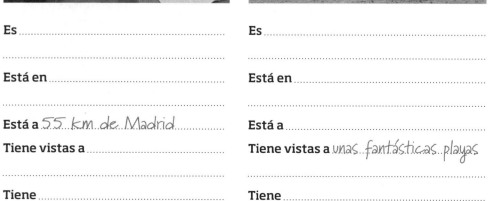

Es ....
....
Está en ....
....

Está a ....
Tiene vistas a unas fantásticas playas
....

Tiene ....

  8

En una hoja, describe brevemente dos casas (la casa de tus padres, tu primera casa…). Intercambia tus textos con un compañero, que tiene que adivinar qué relación tienen contigo.

 9

En parejas. Imagina que le enseñas tu casa a un compañero. Levantaos y pasead por la clase: muéstrale dónde está cada habitación y qué muebles tiene. Tu compañero te hace preguntas: **¿es grande?**, **¿dónde está la ventana?**, **¿qué se ve?**

10

Escucha la descripción que hace alguien de su casa. Dibújala.

11

Dibuja la habitación de tu compañero siguiendo sus instrucciones.

12

Imagina que vas a pasar un trimestre en una ciudad española.
Comenta con un compañero cuál de estos anuncios te puede interesar.

" A mí me interesa más el segundo anuncio, porque me gustaría ir con mi novio y no queremos compartir casa con nadie. **"**

350 €

Se busca compañero/a para compartir un piso con dos chicas y un chico.
Habitación amplia y soleada en un edificio bonito.
Gran terraza.
Ambiente de estudio.
A 20 minutos de la zona universitaria.
Si te interesa, llama ya. Somos muy simpáticos.
653448975
akab35@yahoo.bit

650 €

Se alquila piso céntrico en zona tranquila.
Dos habitaciones y salón.
Totalmente amueblado, con calefacción y aire acondicionado.
Todo exterior. Wifi.
Ascensor y portero.
Ideal parejas. Precio: 650 €
Interesados llamar al 684559501.
Preguntar por Felipe.
felito@hotmail.bit

Precio a negociar

¿Quieres vivir con una familia española?
Habitación individual, con mucha luz.
Bonitas vistas. Comida casera y ambiente agradable.
Interesados llamar al 633129858.
Preguntar por Cecilia. Precio a negociar.
cecilia_coronado@gmail.bit

13

Escribe un correo para un amigo explicando qué opción de las anteriores has elegido. Incluye toda la información que aparece en el anuncio.

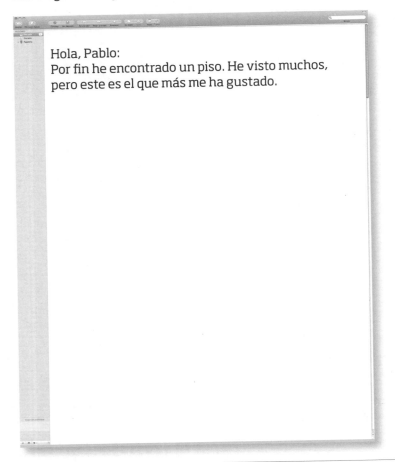

Hola, Pablo:
Por fin he encontrado un piso. He visto muchos, pero este es el que más me ha gustado.

14

Escribe un anuncio como los anteriores para alquilar tu apartamento o una habitación en tu casa o para buscar un lugar en otra ciudad.

15

Completa un correo como el de la página 39 con tus propias necesidades.

← Encabezamiento

Estamos interesados en su casa para hacer un intercambio en ....

← Época del año

............................,

pero tenemos algunas preguntas.

¿La casa tiene ....

............................?

....

← Razón para la petición

También queríamos saber si en los alrededores

se puede ....

....

y si cerca hay algún lugar para ....

....

....

Y por último, ¿sería posible ....

............................?

....

← Despedida

....

....

02
CASAS MUY ESPECIALES

 16

Completa con la información del texto.

1. La casa en un contenedor se instala en poco tiempo, solo en...

....

2. Con la casa modular no hay problema si tienes que mudarte porque...

....

3. En la casa bajo tierra se ahorra mucha energía porque...

....

4. Para cambiar de lugar el vagón de tren solo...

....

5. La ventaja de la construcción con paja en Chile es que...

....

6. La paja es el material que necesita menos energía para su producción, por eso...

....

 17 **5**

Vuelve a escuchar la entrevista a Marta y completa con la información sobre la yurta.

La yurta es .... y viene de ....

Es como una ...., como una jaima.

Es típica de ....

Es .... y no es ....

Tiene ....

Está construida con ....:

- el suelo y las paredes son de ....

- el interior es de ....

- por fuera lleva ....

Todo está bastante ....

Resiste muy bien ...., los .... y

los ....

Es muy ...., no tiene gastos de .... ni

de ....

Tiene .... para calentar el agua y tener un poco de luz.

No tiene ...., no tiene electrodomésticos

(ni .... ni ....).

 18

Escribe la terminación correcta de los adjetivos.

1. Nuestro piso está situad...... en el centro de la ciudad.

2. María está encantad...... con su nueva terraza.

3. Estas casas están totalmente integrad...... en el paisaje.

4. Los habitantes del pueblo están preocupad...... por la construcción de la autopista.

5. Pedro está muy emocionad...... por su traslado a la universidad.

6. La puerta de seguridad está fabricad...... en Alemania.

7. Construimos casas personalizad......, a la medida de nuestros clientes.

8. Nos mudamos porque el edificio estaba muy aislad.... y lejos del pueblo.

19

En una agencia se ofrecen estas casas para las vacaciones. ¿Para qué crees que es ideal cada una? Márcalo en la tabla.

1. Una casa en un pueblo tranquilo
2. Un apartamento en el centro de una ciudad turística
3. Una casa de dos plantas en un barrio histórico

Es ideal...	1.	2.	3.
si quieres descansar.	☐	☐	☐
si tienes niños.	☐	☐	☐
si tienes perro.	☐	☐	☐
si no quieres pagar mucho.	☐	☐	☐
si quieres salir de noche.	☐	☐	☐
si quieres invitar a amigos.	☐	☐	☐

21

Haz estas preguntas a tres compañeros.

	¿Qué te parece tu casa actual?	¿Qué piensas de tu barrio?	¿Te gustan tus vecinos?
1			
2			
3			

—¿Qué piensas de tu barrio?
—Me gusta mucho, pero es muy turístico...

20

Añade dos razones más para elegir cada una de las casas.

22

Hazle estas preguntas a un compañero.

- **¿Cómo es tu casa actual?**
- **¿Dónde está? ¿Cómo son los alrededores?**
- **¿Cuántas habitaciones hay? ¿Tiene terraza, balcones o trastero?**
- **En tu casa no hay...**
- **Crees que vivir en tu casa tiene ventajas porque... (es céntrica, tiene sol...)**
- **Crees que vivir en tu casa tiene desventajas porque... (está lejos, es pequeña...)**
- **En el futuro te gustaría vivir en una casa...**
- **La casa en la que has vivido que más te ha gustado es...**
- **¿Qué muebles tienes? ¿Te gustan?**
- **¿Qué cosas necesitas para tu casa?**

23

Piensa en cosas que hacer este fin de semana. Planea el día, la hora y cómo hacerlas, y propónselas a tus compañeros. ¿Qué plan os gusta más?

- **Podemos ir a**
- **Mejor...**
- **¿Qué te/os parece si...**
- **Sí, claro.**
- **Es verdad.**

El domingo podemos ir a esquiar. Alquilamos un coche entre todos y vamos...

ARCHIVO DE LÉXICO

 24

En tu ciudad, ¿en qué tipo de vivienda crees que, por lo general, viven estas personas?

- **un piso**
- **un ático**
- **un dúplex**

- **una casa adosada**
- **un apartamento**
- **un estudio**

- **un chalé**
- **una casa de campo**

	Viven en...
1. Unos estudiantes universitarios	
2. Un director de colegio	
3. Un actor famoso	
4. Una familia de clase media con cuatro niños	
5. Una pareja de arquitectos jubilados	
6. Una pareja de pintores	
7. Un joven ejecutivo soltero	

 25

Completa los diálogos.

1.	**2.**
– ¿Qué haces? ¿Estás en la oficina? – No, ... casa.	– ¿Te vienes conmigo a tomar algo? – No, prefiero .... casa. Tengo que estudiar.
3.	**4.**
– Hola, María. ¿Adónde vas? – .... casa. No me siento bien.	– Al final vamos a reunirnos en casa .... Toño. – Ah, bien. Allí nos vemos, entonces.
5.	**6.**
– No me gusta el barrio. Quiero .... casa. – ¿Y a dónde quieres irte?	– Si .... casa, mejor mira en internet. – Ya he mirado y no hay ninguna barata.

26

Estas son palabras que suelen aparecer con la palabra **casa**. Busca otras con las que también se pueden combinar.

cambiarse de > casa	buscar > casa	irse a > casa	quedarse en > casa
ropa			

27

Señala la palabra que no corresponde en cada serie.

1.	2.	3.
☐ dormitorio	☐ ático	☐ de piedra
☐ dúplex	☐ urbanización	☐ de 50 m²
☐ cuarto de baño	☐ adosado	☐ de terreno
☐ cocina	☐ chalé	☐ de dos plantas

4.	5.	6.
☐ cómoda	☐ en el campo	☐ con madera
☐ rehabilitada	☐ en el centro	☐ con vistas
☐ rodeada	☐ a 20 km	☐ con calefacción
☐ moderna	☐ tres habitaciones	☐ con piscina

28

Escribe el nombre de tres objetos que relacionas con cada una de estas partes de una casa.

Salón

Baño

Terraza

Cocina

Dormitorio

29

En parejas. Piensa en tres objetos de tu casa que no sabes decir en español (algo que tienes en la cocina, un electrodoméstico que usas mucho…). Comparte tus palabras con un compañero.

Mis tres palabras	En español
iron	plancha

Las tres palabras de mi compañero	En español

30

Hazle preguntas a tu compañero sobre los objetos anteriores (si son **grandes**, **pequeños**, **viejos**, **nuevos**, **útiles**, etc.) .

¿Cómo es tu plancha?

31

¿Cuáles de las siguientes características ves o supones que corresponden a cada vivienda?

- **de dos plantas**
- **de madera**
- **de lujo**
- **de 250 m²**

- **en un parque natural**
- **en un edificio rehabilitado**
- **en una urbanización**
- **en el campo**

- **con garaje**
- **con árboles frutales**
- **con depósito de agua**

- **con piscina**
- **con calefacción**
- **con chimenea**
- **con portero**

- **con vistas a un parque**
- **a 5 minutos del centro**
- **a 2 km del pueblo más cercano**
- **rodeada de naturaleza**

cabaña

casa adosada

casa de campo

piso

Describe esta imagen con el máximo de detalles que puedas.

....

....

....

....

....

....

....

....

....

....

....

....

....

....

....

....

....

VÍDEO

campus.difusion.com

 33

¿Qué recuerdas sobre la cabaña del vídeo? Coméntalo con un compañero.

 34

Vuelve a ver el vídeo y contesta a estas preguntas.

1. ¿Cuántas cabañas tienen?

....
....
....

2. ¿Dónde están?

....
....
....

3. ¿Cuántas personas pueden comer en el comedor?

....
....
....

4. ¿Cómo funciona el váter?

....
....
....

5. ¿A dónde va a parar el agua?

....
....
....

35

Relaciona estas frases del vídeo con su final correspondiente. Ve el vídeo hasta el minuto 00:35 y comprueba.

1. Ciudad: conjunto de edificios y calles cuya población, densa y numerosa,

2. La mayoría de nosotros

3. Alquilamos

4. Y compartimos edificios

5. Sin embargo, hoy en día,

a. o compramos pisos.

b. con otras personas.

c. no se dedica a labores agrícolas.

d. hay otras formas de vivir.

e. vivimos en ciudades.

36

Esta es la trascripción del vídeo a partir del minuto 00:35. Completa con los adjetivos adecuados haciendo los cambios necesarios.

- **cálido**
- **diferente**
- **acogedor**
- **construido**
- **romántico**
- **biodegradable**
- **central**
- **seco**
- **bonito**
- **móvil**

Bienvenidos a un alojamiento .... ¿Me seguís?

Tenemos diez cabañas *construidas*..... en los árboles, en medio de

este .... parque natural. Por cierto, aquí no hay cobertura

.... A la cabaña se entra por aquí. En la parte ....

encontramos el tronco del árbol. Aquí tenemos el comedor, donde podrían comer hasta cuatro personas.

El agua que utilicemos va a caer directamente al bosque. Por eso, todos los jabones que hay en las cabañas son ....

Este es el váter. Es un váter ...., que funciona como cualquier otro normal, pero después de utilizarlo tenemos que echar un poco de serrín.

Una curiosidad sobre las cabañas es que no disponen ni de agua ni de electricidad. Solo dispones de estas velas, que dan un ambiente muy

.... y ....

Como veis, las cabañas ofrecen una experiencia .... y, sobre todo, en contacto con la naturaleza.

VIDA Y OBRA

01
TRES MUJERES VALIENTES

Antes de leer los textos de las páginas 48 y 49, mira las fotos y señala cuál de estas tres mujeres crees que ha podido decir las siguientes frases. Compruébalo después leyendo los textos.

	Araceli Segarra	Rebeca Atencia	Adela Navarro Bello
1. En 2006 me convertí en directora del semanario *Zeta*.	☐	☐	☐
2. Hice prácticas durante algunos años en varios zoos y en África.	☐	☐	☐
3. A los 15 años empecé a practicar la espeleología.	☐	☐	☐
4. Estudié Veterinaria en Galicia.	☐	☐	☐
5. He sido amenazada de muerte varias veces.	☐	☐	☐
6. En 1996 me convertí en la primera mujer que escaló el Everest.	☐	☐	☐

Aquí tienes datos sobre la vida de Judith Torrea Oiz. ¿Cuáles se mencionan en la grabación?

1. Nació en Pamplona (España) en 1979.	☐
2. Estudió Periodismo en la Universidad de Navarra.	☐
3. Empezó a trabajar en 1996 como periodista en EE.UU. para distintos periódicos españoles y americanos.	☐
4. En 1998 fue la primera periodista española en asistir a una ejecución en EE.UU.	☐
5. En 1998 se instaló en Ciudad Juárez.	☐
6. En 2010 ganó el Premio Ortega y Gasset de periodismo en internet por su blog "Ciudad Juárez en la sombra del narcotráfico".	☐
7. En 2011 publicó el libro *Juárez en la sombra*.	☐
8. En la actualidad es la única periodista extranjera que sigue en Ciudad Juárez.	☐
9. Ha sido amenazada de muerte varias veces por los carteles de la droga.	☐
10. En la actualidad todavía publica entradas en su blog.	☐

3

Escribe las formas de las personas **yo** y **tú** del pretérito indefinido de los siguientes verbos.

	yo	tú
comprar	compré	compraste
cocinar	cociné	cocinaste
cenar	cené	cenaste
estudiar	estudié	estudiaste
acostarse	acosté	acostaste
levantarse	levanté	levantaste
jugar	~~Juge~~ Jugué	Jugaste
quedarse	quedé	quedaste

	yo	tú
volver	volví	volviste
comer	comí	comiste
ver	ví	viste
hacer	~~hací~~ hice	hiciste
conocer	~~Conocí~~ Conocí	conociste
salir	salí	saliste
escribir	escribí	escribiste
estar	estuve	estuviste

4

Con los verbos anteriores, escribe seis frases sobres tus actividades de ayer. Después intenta adivinar qué hizo un compañero. Podéis hacer veinte preguntas cada uno.

66
—¿Ayer estudiaste español?
—No, no estudié.
—¿Cenaste en casa con tu pareja?
—No, cené en casa, pero solo. **99**

5

Dile a tu compañero un verbo (de los que aparecen en la actividad 3) y una persona (yo, tú, etc.). Tu compañero tiene que decirte la forma correcta.

66
—Cocinar, vosotros.
—Cocinasteis.
99

6 🔊 7

Escucha ocho frases sobre un personaje famoso. ¿Sabes quién es? ¿Con cuántas frases lo has adivinado?

7

Escribe tú ahora ocho frases sobre la vida de otro personaje famoso. En clase, léelas una a una. ¿Quién adivina primero el nombre del personaje?

8

Tola nos cuenta cosas sobre su vida y la de su entorno. Completa con el pretérito perfecto o el indefinido según convenga.

1. Me encanta Nueva York. (estar) .... muchas veces. La última vez que (estar) .... fue el año pasado.

2. Martita y yo (hacer) .... varios cruceros juntas. En el 2009 (ir) .... a las Seychelles y el año pasado (estar) .... en el Caribe. Esa última vez, Jaime y Carlo (venir) .... con nosotras.

3. Es curioso: mi hermano Jimmy nunca (casarse) .... (Tener) .... muchas novias, eso sí, y hace años (vivir) .... unos meses con una de ellas, con Silvia, creo.

4. Papá y mamá (jubilarse) .... hace dos años. Desde entonces todavía no (aburrirse) .... ni un minuto: no paran de hacer cosas.

5. Papá (tener) .... una vida muy interesante: (nacer) .... en Sudáfrica y de pequeño (vivir) .... muchos años en Estados Unidos.

9

¿Has hecho alguna de estas cosas alguna vez?

	Sí	No	Cuándo
1. Hacer un deporte de aventura (*puenting*, paracaidismo, etc.)	☐	☐	
2. Recaudar dinero para una ONG	☐	☐	
3. Rechazar un buen trabajo	☐	☐	
4. Cruzar un océano en barco	☐	☐	
5. Ordeñar una vaca	☐	☐	
6. Ver un ovni	☐	☐	
7. Plantar un árbol	☐	☐	
8. Recoger un animal de la calle y llevártelo a casa	☐	☐	
9. Bailar o cantar en público	☐	☐	
10. Romperte un brazo o una pierna	☐	☐	

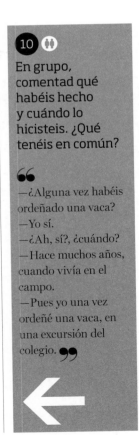

10

En grupo, comentad qué habéis hecho y cuándo lo hicisteis. ¿Qué tenéis en común?

66

—¿Alguna vez habéis ordeñado una vaca?
—Yo sí.
—¿Ah, sí?, ¿cuándo?
—Hace muchos años, cuando vivía en el campo.
—Pues yo una vez ordeñé una vaca, en una excursión del colegio. 99

02
PABLO NERUDA: POESÍA Y COMPROMISO

11

Lee el texto de la página 52 y ordena cronológicamente estas frases sobre la vida de Neruda.

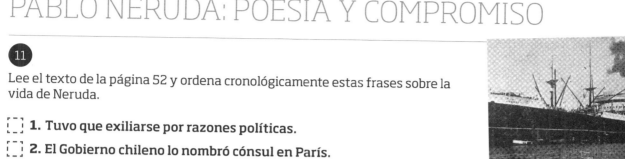

- [ ] **1.** Tuvo que exiliarse por razones políticas.
- [ ] **2.** El Gobierno chileno lo nombró cónsul en París.
- [ ] **3.** Organizó el viaje a Chile de los exiliados españoles de la guerra civil.
- [ ] **4.** Fue a la universidad pero no terminó los estudios.
- [ ] **5.** En 1952 pudo regresar a Chile.
- [ ] **6.** Su madre murió cuando él era pequeño.

12

¿Qué relación tuvieron con la vida de Neruda...?

1. García Lorca	2. Nobel
Era un poeta español, amigo de Neruda. Fue asesinado en 1936.	
3. París	**4. Salvador Allende**
	5. Isla Negra
	6. Matilde Urrutia

13

Completa la biografía de Pablo Neruda con estos verbos.

- organizó
- llevó
- nació
- se casó
- viajó
- comenzó
- recibió
- empezó
- terminó
- murió
- se produjo
- tuvieron
- murió
- nombró
- destruyeron

1. .... el 12 de julio de 1904 en Parral (Chile).

2. Su madre .... cuando él tenía pocos meses.

3. Fue a la universidad pero no .... los estudios.

   Allí .... su actividad política.

4. A los 23 años .... su carrera diplomática y,

   a partir de entonces, ... por diferentes lugares.

5. La guerra civil española (1936-1939) y el asesinato de su amigo

   Federico García Lorca, en el verano de 1936, ...

   una gran influencia en su vida y en su obra.

6. En 1939, el Gobierno chileno lo .... cónsul

   en París. Al final de la guerra, ... el viaje

   del Winnipeg, un barco que .... a más de 2000

   refugiados españoles de Francia a Chile.

7. En 1966 .... con Matilde Urrutia.

8. En 1971 .... el Premio Nobel de Literatura.

9. El 11 de septiembre de 1973 .... el

   golpe de estado del general Augusto Pinochet y los militares

   .... las casas de Neruda en Santiago y Valparaíso.

10. El poeta .... en su casa de Isla Negra.

14

Aquí tienes tres poemas muy conocidos.
¿Cómo los titularías? Luego, comprueba en
internet cuál es el título original.

....

Entre adelfas y campanas
cinco barcos se mecían,
con los remos en el agua
y las velas en la brisa.
Mi niña se fue a la mar,
a contar olas y chinas,
pero se encontró, de pronto,
con el río de Sevilla.
(Federico García Lorca)

....

Ya hay un español que quiere
vivir y a vivir empieza,
entre una España que muere
y otra España que bosteza.

Españolito que vienes
al mundo te guarde Dios.
una de las dos Españas
ha de helarte el corazón.
(Antonio Machado)

....

Ayer soñé que veía
a Dios y que a Dios hablaba;
y soñé que Dios me oía...
Después soñé que soñaba.
(Antonio Machado)

15 **8-10**

Escúchalos recitados. Elige uno, soluciona tus dudas de vocabulario y apréndelo de memoria.

16

Cada uno recita su poema ante la clase. ¿Quién lo hace mejor?

17

Dividid la clase en dos grupos para escribir un poema. Primero aseguraos de que entendéis todas las palabras de la lista. Luego seguid las instrucciones.

a	el	letra	que
allá	el	libros	que
allá	en	lo	quiso
almohada	en	los	sin
amé	esperando	los	tardes
yo	esperando	luna	te
carta	más	por	te
por	estaba	más	todo
cincuenta	estaba	mi	través
convertirse	examen	muchacho	verano
de	a	no	de
de	flor	obligado	y
de	fútbol	ocho	y
de	de	invierno	y
de	la	pasillos	Yo
debajo	la	primera	yo
del	la	pulso	
del	las		
el	lentos		

! Instrucciones para escribir versos en grupo:

- El grupo 1 escribe el primer verso usando algunas palabras de la lista. Atención: solo puede usar las palabras tal y como están, y solo una vez cada palabra.
- El grupo 2 escribe otro verso, pero no puede usar palabras que ya están en el primer verso.
- Se continúa por turnos hasta que no es posible escribir más.
- Luego buscamos el poema original de Luis García Montero, "Confesiones". ¿Se parece al nuestro?

18

¿Conoces algún poema o la letra de una canción en español? Contesta a estas preguntas.

1. ¿Cuándo lo leíste o escuchaste por primera vez?
2. ¿Por qué te gusta?
3. ¿Hay palabras que no entiendes? ¿Cuáles?
4. ¿Cuál es tu verso favorito?
5. ¿Qué sabes del autor del texto?

19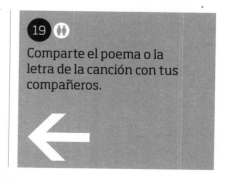

Comparte el poema o la letra de la canción con tus compañeros.

20

Escribe la fecha o la edad con la que hiciste estas cosas.

1. Nací _en 1977._

2. Estuve en un país extranjero por primera vez _a los 12 años._

3. Terminé el colegio

4. Me enamoré por primera vez

5. Conseguí mi primer trabajo

6. Conduje un coche por primera vez

7. Empecé a vivir solo (sin mi familia)

8. Hice el viaje de mi vida

9. Tuve mi primer hijo

10. Visité la capital de mi país por primera vez

11. Aprendí a nadar

12. Me casé

13. Me separé

14. Me mudé a

Otros momentos importantes:

15.

16.

17.

18.

 21

Pregunta a tu compañero por cinco o seis cuestiones del ejercicio anterior. Escribe primero las preguntas que vas a hacerle.

22

Estas son imágenes de la vida de Carlota. Ponlas en orden y escribe su vida desde el punto de vista de una de estas personas. Usa las expresiones propuestas al menos una vez.

Personas	Expresiones
sus padres	Cuando tenía ... años
su exmarido	A los ... años
una amiga	De niña/joven...
su hijo	Desde ... hasta...
ella misma	Durante...

23

Completa estas frases con información sobre ti.

1. Cuando tenía .... **años,** .... **. Pero hoy ya no** ....

2. De pequeño/a, ... **y hoy todavía** ....

3. A los .... **años** .... **y desde entonces** ....

4. Viví en .... **durante** .... **: desde** .... **hasta** ....

5. Entre .... **y** .... **, hice muchas cosas diferentes:** .... **,** ....

24

Lee la información sobre Adrián y completa las frases con los verbos y los marcadores temporales que faltan.

Adrián

Nacimiento
Lima, 1966

Estudios
1981-1985: Liceo Británico de Lima
1980-1990: Escuela de Música de Santa Lucía
1990-1995: Conservatorio Nacional de Viena

Premios
1987: Premio Internacional de violín para jóvenes talentos
1991: Viena. Segundo premio de violín Pablo Sarasate
2005: Madrid. Gran premio Ibermúsica para solistas

Trabajo
1995-2000: en paro
2000 hasta hoy: Cuarteto de Cuerda Jenaro Ortega
2005 hasta hoy: primer violín de la Orquesta de Úbeda

Vida familiar
2001: boda con Marichu
2005: primer hijo, Lucas
2009: segunda hija, Isabel

1. Adrián .... **en Lima en 1966.**

2. .... **1981 y 1985** .... **en el Liceo británico de Lima.**

3. .... **joven** .... **los estudios de música en la Escuela de Música de Santa Lucía.**

4. .... **música** .... **1990 hasta 1995 en Viena.**

5. A lo largo de su vida .... **tres importantes premios como violinista.**

6. .... **los 35 años** .... **con Marichu.**

7. .... **en paro cinco años:** ....**1995** .... **2000.**

8. .... **2005** .... **el Gran premio Ibermúsica para solistas y**

9. desde .... **es el primer violín de la Orquesta de Úbeda.**

10. En la .... **también toca en el Cuarteto de Cuerda Jenaro Ortega.**

25

Escribe tres frases más sobre la vida de Adrián.

1.

2.

3.

26

¿Qué tiene que hacer María José para mejorar su calidad de vida? Ten en cuenta la siguiente información y escribe consejos con **empezar a / dejar de / volver a** + infinitivo y **seguir** + gerundio.

Antes
Comía fruta y verdura todos los días.
Trabajaba ocho horas al día.
No fumaba.
Dedicaba tiempo al yoga.
Salía con sus amigos.

Ahora
Come mucha carne y dulces.
Trabaja diez o doce horas al día.
Fuma.
Pasa horas sola delante de la tele.
Bebe mucha agua.

Nunca
Ha hecho deporte.
Ha tenido vacaciones largas.
Cena en casa.

27

¿Has vivido alguna de estas experiencias? ¿Cuándo? ¿Qué pasó? Escribe la historia para poder contarla en clase.

¿Alguna vez...

... has estado a punto de comprar algo caro y al final te has arrepentido?

... has vuelto a ver una película que te dio mucho miedo la primera vez?

... has empezado a estudiar un idioma y lo has dejado?

... has empezado a escribir un diario?

... has vuelto a ver a tus amigos del colegio?

... has estado a punto de dejarlo todo por amor?

28

Estas son las cosas que Ariadna ha descubierto en Facebook sobre sus amigos del instituto. ¿Qué puedes decir tú sobre tus amigos de la infancia usando las construcciones en negrita?

1.
- Marta sigue trabajando en el bar de sus padres.

2.
- Luisa ha dejado de fumar y ha empezado a llevar una vida sana.

3.
- Carlos y María han vuelto a vivir juntos y están a punto de tener un hijo.

4.
- Pedro ha vuelto a escribir poemas y sigue estudiando inglés.

5.
- Gilberto sigue tocando la guitarra en las fiestas con sus amigos.

6.
- Marianela ha empezado a salir con un chico francés que se llama Jean.

29

Mira estas imágenes, lee las pistas y describe lo que ha sucedido o está sucediendo.
Usa las formas **dejar de**, **empezar a**, **volver a**, **estar a punto de** y **seguir**.

- Carla
- dar a luz

1. ....

....

- Pedro
- vivir en París

2. ....

....

- Eva
- ir a clases de yoga

3. ....

....

- El vuelo con destino Caracas
- despegar

4. ....

....

- Ernesto
- competir en carreras de ciclismo

5. ....

....

- Ernesto
- competir en carreras de ciclismo

6. ....

....

ARCHIVO DE LÉXICO

 30

Construye una línea del tiempo para recordar las palabras de esta unidad que más te interesan.

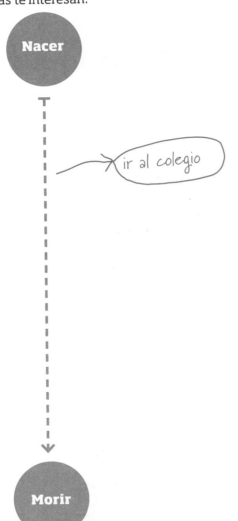

Nacer

ir al colegio

Morir

 31 ⊞

En dos grupos. Cada persona escribe en tres papelitos una palabra de esta unidad. Por turnos, una persona de cada equipo debe dibujar en la pizarra, en un minuto de tiempo, la palabra que le ha tocado a su equipo. Gana el equipo que adivina más palabras.

 32

Elige uno de los personajes e inventa su biografía. Tienes que usar al menos diez de las siguientes formas.

- **Nacer en**
- **Pasar la infancia en**
- **Vivir ... años en**
- **Irse a vivir a**
- **Hacer el bachillerato / la carrera**
- **Ir al colegio**
- **Estudiar ... años**
- **Cambiar de colegio/ universidad**
- **Empezar/terminar la carrera**
- **Dejar los estudios**
- **Empezar a trabajar**
- **Trabajar ... años**
- **Cambiar de trabajo**
- **Dejar la enseñanza/ el hospital / el restaurante...**
- **Quedarse sin trabajo / en el paro**
- **Jubilarse**
- **Conocer a**
- **Casarse/divorciarse**
- **Quedarse viudo/a**
- **Tener un hijo**

Celia Lamas. 68 años.
Científica

Luis Méndez. 72 años.
Director de orquesta

Pedro López. 66 años.
Ladrón

Sara Lis. 65 años.
Domadora de leones

campus.difusion.com

VÍDEO

 33

¿Qué recuerdas sobre Ana Alcaide? Ordena sus datos biográficos.
Luego vuelve a ver el vídeo hasta el minuto 1:34 y comprueba.

- [ ] **Se fue a vivir a Toledo.**
- [ ] **Empezó a tocar la viola de teclas.**
- [ ] **Acabó la carrera de Música.**
- [ ] **Dejó de estudiar música y de practicar con el violín.**
- [ ] **Vivió en el barrio de Malasaña.**
- [ ] **Estudió música durante ocho años y aprendió a tocar el violín.**
- [ ] **Estudió un año en Suecia.**
- [ ] **Nació en Madrid.**

34

Lee la trascripción de la primera parte del vídeo y complétala con las frases que aparecen a continuación. Luego ve el vídeo hasta el minuto 1:34 y comprueba.

1. **mi madre me quiso apuntar a clases**
2. **ya empecé a tocar el violín**
3. **cuando tenía siete años**
4. **a los 23 o 24 años**
5. **hasta hoy**
6. **hasta que tenía siete años**
7. **nunca me ha gustado para vivir**
8. **fui a Suecia a estudiar Biología**
9. **hasta los 15 años**
10. **yo aprendí a tocarla en las calles de Toledo**
11. **que se llama Malasaña**

Nací en Madrid y crecí en un barrio muy entrañable del centro de la ciudad .... (a). Ahí viví .... (b). Empecé a estudiar música .... (c) también, y fue porque .... (d). Y empecé en el colegio donde iba, y después asistí a una academia, donde .... (e). Estudié música .... (f) en la academia donde aprendí el violín, y después lo dejé de forma radical y decidí estudiar la carrera de Biología. Y .... (g) decidí otra vez retomar la música y acabé la carrera de Música; entonces tengo estudios en Biología y en Música.

La viola de teclas es un instrumento sueco, originalmente del siglo XIV, y, ... (h), de forma autodidacta. Conocí la viola de teclas cuando .... (i), y después me compré una y empecé a practicar en Toledo, ... (j). Me vine a Toledo a los 24 o 25 años porque, aunque yo he crecido en Madrid, Madrid es una ciudad que .... (k).

35

Vuelve a ver el vídeo desde el minuto 1:35 y contesta estas preguntas.

1. ¿Qué opina de la ciudad de Toledo?

....
....
....
....
....

2. ¿Qué ha hecho recientemente?

....
....
....
....
....

3. ¿Qué planes tiene para el futuro?

....
....
....
....
....

36

Por grupos, vais a entrar en la web de Ana Alcaide (www.anaalcaide.com) y a escoger un tema, fotografía, disco, espectáculo, etc., que os atrae. Presentádselo a los demás y explicad por qué lo habéis escogido.

UNIDAD DE REPASO 1

1 COMPLEMENTOS DEL NOMBRE

Completa con las preposiciones **de, con, que, para** o **Ø**.

1. Un cuadro .... Tàpies.
2. Un cuadro .... el marco rojo.
3. Un cuadro .... precioso.
4. Un cuadro .... restaurar.
5. Un cuadro .... cuesta más de 1000 €.
6. Un bolso .... piel de cocodrilo.
7. Un bolso .... nunca uso porque es muy pequeño.
8. Un bolso .... ir a una fiesta.
9. Un bolso .... muchas cosas dentro.
10. Un bolso .... muy caro.
11. Un televisor .... Samsung.
12. Un televisor .... ver los partidos de fútbol.
13. Un televisor .... entrada USB.
14. Un televisor .... enorme.
15. Un televisor .... me encanta.

2 COMPLEMENTOS DEL NOMBRE

¿Cómo pueden ser las siguientes cosas? Escríbelo.

Un viaje	de ....
	que ....
	con ....
	para ....
	Ø ....
Una joya	de ....
	que ....
	con ....
	para ....
	Ø ....
Unos libros	de ....
	que ....
	con ....
	para ....
	Ø ....

3 COMPLEMENTOS DEL NOMBRE

Describe cuatro objetos que tienes en casa. Usa **de**, **con**, **para**, **que** o Ø.

1.

2.

3.

4.

4 ADJETIVOS PARA DESCRIBIR EL CARÁCTER

Piensa en cómo se dice en tu lengua que alguien…

	En mi lengua
1. es sofisticado.	
2. es aventurero.	
3. es coqueto.	
4. es consumista.	
5. es austero.	
6. es romántico.	
7. es práctico.	
8. tiene gustos corrientes.	
9. improvisa.	
10. planifica las cosas.	

5 ADJETIVOS PARA DESCRIBIR EL CARÁCTER

Describe cómo es una persona con las siguientes características y añade tú dos más.

1. Una persona aventurera	2. Una persona romántica
Le gusta mucho viajar, no tiene miedo a los riesgos…	

3. Una persona austera	4. Una persona coqueta

5. Una persona	6. Una persona

6 · ADJETIVOS PARA DESCRIBIR EL CARÁCTER

Completa las descripciones con el tipo de coche que falta.

- deportivo
- todoterreno
- monovolumen
- furgoneta
- coche muy pequeño
- cinco puertas

1. Un ...., ideal para familias con niños

2. Un ...., para sentir el placer de conducir.

3. Un ...., lo mejor para disfrutar del campo y la montaña.

4. Un ...., la mejor opción para moverse por la ciudad.

5. Un ...., clásico y elegante.

6. Una ...., para moverse con total libertad.

7 · ADJETIVOS PARA DESCRIBIR EL CARÁCTER

Si el coche refleja la personalidad de su dueño, ¿qué coche del texto reflejaría mejor tu personalidad? ¿Por qué?

Creo que la furgoneta, porque necesito moverme con total libertad.

8 👥 ADJETIVOS PARA DESCRIBIR EL CARÁCTER

En grupos, decidid cuál de estos coches refleja mejor la personalidad de tres de vuestros compañeros de clase y explicad por qué. ¿Los tres compañeros están de acuerdo?

Un Ferrari

Un Mini

Una autocaravana

Un Cadillac

"" Nosotros creemos que el Cadillac refleja muy bien la forma de ser de Rose, porque es elegante y... "

9 LA VIVIENDA

Lee este texto y ponle un título.

En la actualidad, más del 75%* de los españoles vive en una casa de propiedad, aunque es cierto que la mitad de los encuestados todavía se la debe al banco: casi todo el mundo está pagando la hipoteca de su casa, a 20 o 30 años. Durante décadas, no solo las personas de más edad, sino también los jóvenes, han preferido comprar una casa a alquilarla. De hecho, en España solo un 21,2% de la población vive de alquiler. Esa es, tal vez, una de las razones de la crisis económica que ha vivido España desde 2008.

Otro hecho interesante es que España es el país de la Unión Europea donde menos porcentaje de la población vive en casas, un 31,1% del total, y donde más personas viven en pisos, un 66,5%.

*Datos de la agencia comunitaria de estadística, Eurostat, correspondientes a 2014.

10 👥

Con los compañeros, compara la información del texto anterior con lo que pasa en tu país.

11 OTRAS FORMAS DE PREGUNTAR

Quieres pasar unos días en un pequeño hotel de alta montaña con tu pareja. Pregunta de manera indirecta a la agencia de viajes sobre algunos de los siguientes temas u otros. Usa las estructuras:

—*Me gustaría saber...*
—*¿Me puede decir...*   *qué/cuándo/si....?*

Puedes preguntar por:

- **modo de acceso**
- **calefacción**
- **pueblo más cercano**
- **precio por noche**
- **temperatura en diciembre**
- **sauna**
- **piscina climatizada**
- **excursiones**
- **deportes de riesgo**
- **cocina regional**
- **admisión de mascotas**
- **otros**

Me gustaría saber cuánto cuesta una habitación doble por noche.

12 MODIFICADORES DEL ADJETIVO

Completa según tu opinión.

1. Un barrio especialmente interesante

Kreuzberg, en Berlín, porque hay una gran mezcla de culturas.

2. Una ciudad superbonita

3. Una calle especialmente ruidosa

4. Una zona supersilenciosa

5. Una región totalmente desconocida

6. Una persona superinteligente

7. Un electrodoméstico completamente innecesario

8. Un destino de viaje altamente recomendable

13 VALORAR CON EL VERBO **PARECER**

¿Qué opinas sobre los siguientes temas?
Utiliza las siguientes estructuras en
tus respuestas:

parecer + sustantivo (+adjetivo): **Me parece
una idea estupenda.**
parecer + adjetivo: **Me parece interesante**.
parecer + **que** + frase: **Me parece que es
una locura.**
parecer + adverbio: **Me parece bien.**

1. Las casas completamente
   informatizadas:

....

....

2. Vivir en una casa de propiedad en lugar
   de una de alquiler:

....

....

3. Suprimir el tráfico de coches en el centro
   de la ciudad:

....

....

4. Las personas que practican deportes
   de riesgo:

....

....

5. Las organizaciones que se dedican a la
   defensa de los animales:

....

....

6. La dependencia de los aparatos de
   comunicación: móvil, tableta, etc.:

....

....

7. Leer y escribir poesía en clase
   de español:

....

....

....

14 PRETÉRITO INDEFINIDO

Completa el crucigrama con la forma de los verbos.

Vertical
1. acabar (vosotros):
2. diseñar (tú):
3. estar (ella):
4. escalar (nosotros):
5. nadar (ellos):
6. hacer (usted):
7. tener (ellos):
8. vivir (vosotros):

Horizontal
1. hacer (nosotros):
2. estudiar (usted):
3. empezar (tú):
4. ir (nosotros):
5. recibir (nosotros):
6. ir (tú):
7. ganar (ellos):

15 **PRETÉRITO INDEFINIDO**

Completa estas frases con alguno de los verbos del ejercicio anterior.

1.

¡Enhorabuena, Carla! ....
muy valiente al escribir ese artículo sobre el tráfico ilegal de animales salvajes.

2.

El año pasado mis compañeros de clase y yo
.... un robot que ganó el primer premio en el concurso nacional.

3.

¿Es cierto que tus hermanos y tú
.... en una cabaña cuando erais pequeños?

4.

Después de la escuela secundaria, mi hermano y yo .... al Conservatorio de Música para estudiar piano, él, y violín, yo.

5.

Picasso .... su primera exposición cuando era niño, a los 12 años, creo.

6.

Los periodistas ....
dificultades para publicar sus descubrimientos y fueron amenazados.

7.

Ernesto .... la carrera de Biología y ahora está trabajando como investigador en su universidad.

8.

¿Tú .... la casa Carlos y Laura? Me encanta, es superbonita.

9.

Carmen .... en una situación muy peligrosa durante su viaje a los Andes.

16 **PRETÉRITO PERFECTO O PRETÉRITO INDEFINIDO**

Norberto compara su vida con la de su abuelo Rodrigo, que murió hace años. Completa con el pretérito perfecto o el indefinido según convenga.

1.

Mi abuelo (viajar) .... mucho durante su vida, (hacer) ....
un montón de viajes debido a su trabajo; era periodista. De hecho
(conocer) .... a su esposa, mi abuela, durante un crucero a
EE.UU. En cambio, yo hasta ahora no (viajar) .... tanto como él,
solo (estar) .... en algunos países de Europa, pero no (cruzar)
.... el Atlántico.

2.

Él (terminar) .... sus estudios con la mejor nota de la promoción,
igual que yo. Yo (sacar) .... las mejores notas cuando (acabar)
.... la carrera, hace ya seis años.

3.

Mi abuelo (casarse) .... a los 35 años, ya bastante mayor.
En eso no nos parecemos (yo (casarme) .... poco después
de acabar la carrera, a los 24 años). (tener) .... el primero de
sus cinco hijos un año después; yo todavía no (tener) .... hijos,
aunque sí tengo mucho sobrinos.

4.

Él (publicar) .... varios libros sobre sus viajes, con bastante éxito;
yo también (escribir) .... algunos libros, aunque no de viajes,
sino de poesía y relatos. Pero él no (ganar) .... nunca un premio
literario y yo sí, ya (ganar) .... dos premios importantes y,
además, el año pasado (conseguir) .... una beca para escribir un
libro sobre la vida de mi abuelo.

17 🎧 PRETÉRITO PERFECTO O PRETÉRITO INDEFINIDO

Pregunta a tu compañero si ha hecho alguna vez estas cosas.
Pídele más información si te parece interesante lo que te cuenta.

- **Hacer un viaje peligroso.**
- **Conocer a alguien famoso y hablar con él.**
- **Romper o perder algo de otra persona.**
- **Estar enamorado de dos personas a la vez.**
- **Pasar más de 24 horas sin poder salir de un aeropuerto.**
- **Dar la vuelta al mundo.**
- **No poder pagar en un restaurante.**
- **Quedarse encerrado en un ascensor durante mucho tiempo.**

❝
¿Alguna vez no has podido pagar en un restaurante? ❞

BOLSOS Y BOLSAS

01
COMPRAR ROPA: ¿UN PLACER O UNA PESADILLA?

1

Antes de leer el texto 01, escribe una cosa que para ti es un placer y otra que es una pesadilla cuando vas de compras.

😊 Me encanta

....

😞 Odio

....

2

Cuando vas de compras pueden suceder las siguientes cosas. ¿Qué relación tienes con ellas? Márcalo.

	Para mí es importante	Para mí no es importante	Me gusta mucho	No me gusta mucho	No lo hago nunca	Lo odio
1. Encontrar ofertas.	☐	☐	☐	☐	☐	☐
2. Hacer cola.	☐	☐	☐	☐	☐	☐
3. Gastar poco.	☐	☐	☐	☐	☐	☐
4. Encontrar cosas buenas y baratas.	☐	☐	☐	☐	☐	☐
5. Estar en lugares llenos de gente.	☐	☐	☐	☐	☐	☐
6. No encontrar mi talla.	☐	☐	☐	☐	☐	☐
7. Comparar distintos precios.	☐	☐	☐	☐	☐	☐
8. Gastar muchísimo.	☐	☐	☐	☐	☐	☐
9. Ahorrar dinero.	☐	☐	☐	☐	☐	☐

3

De las siguientes ideas, ¿qué tres no aparecen en el texto de la página 60 del Libro del alumno?

☐ **1.** Muchas personas no están satisfechas con la ropa que hay en las tiendas.

☐ **2.** En casos de depresión los psiquiatras recomiendan comprarse ropa como terapia.

☐ **3.** Algunos compradores prefieren consultar las páginas de internet antes de acudir a una tienda.

☐ **4.** En relación con la compra, hombres y mujeres tienen actitudes diferentes.

☐ **5.** Pasar la tarde de compras es para muchas personas una actividad divertida.

☐ **6.** El fenómeno del *showrooming* está menos extendido que el *webrooming*.

4

Lee los comentarios de las personas entrevistadas en la página 61.
¿Quién expresa las siguientes ideas?

	Borja	Ismael	Carla	Soraya
1. A veces solo doy una vuelta para mirar.	☐	☐	☐	☐
2. Ir de compras es aburrido.	☐	☐	☐	☐
3. Miro la ropa en las tiendas, pero la compro en internet.	☐	☐	☐	☐
4. Si algo me gusta, lo compro, sobre todo ropa.	☐	☐	☐	☐

 5

Anota frases de los textos de la página 61 que son nuevas para ti o que quieres recordar.

Ir de compras es un rollo.

 6

Observa en la tira cómica las tres formas de elogiar a Pituca y su ropa. Completa las frases.

1. ¡Qué .... tan .... !

2. ¡Qué .... esa .... !

3. ¡Qué .... !

7

Fíjate en las respuestas de Pituca. Son una forma de quitar importancia al elogio, algo culturalmente habitual en España. ¿De qué forma lo hace en cada caso?

Pituca dice que...	¿Cómo lo dice?
1. el vestido no vale mucho dinero.	....
2. la camiseta no es suya.	....
3. tiene la cazadora desde hace mucho tiempo.	....

8

Con un compañero, escribe diálogos diferentes para las viñetas de la página 60.

9

Busca cosas de las que puedes decir los siguiente elogios.

¡Qué ... tan bonito!
pañuelo

¡Qué ... tan bonita!
bufanda

¡Qué ... tan bonitos!
vaqueros

¡Qué ... tan bonitas!
sandalias

10

Mira las imágenes y reacciona usando frases exclamativas.

....
....
....

....
....
....

....
....
....

11

Completa las frases con la pregunta **¿Y a ti?** o **¿Y tú?**. Contesta después con tu opinión.

1.

– Yo nunca llevo ropa estrecha. ¿Y tú?

– ....

2.

– Yo odio los pantalones anchos. ....

– ....

3.

– Yo tengo demasiada ropa. ....

– ....

4.

– A mí me encanta la ropa deportiva. ....

– ....

5.

– A mí me interesa bastante la moda. ....

– ....

6.

– Yo no soporto las rebajas. ....

– ....

7.

– A mí no me gustan las camisas

de cuadros. ....

– ....

12

Completa con actividades relacionadas con los temas propuestos.

El deporte

Jugar al tenis con amigos .... es divertido.

.... es bueno.

.... es aburrido.

.... es muy duro.

.... es una tontería.

Las compras

.... es divertido.

.... es bueno.

.... es aburrido.

.... es ridículo.

.... es una tontería.

geografía
Historia
Matemáticas

Los estudios

.... es divertido.

.... es bueno.

.... es aburrido.

.... es importante.

.... es una tontería.

Las tareas de la casa

.... es divertido.

.... es bueno.

.... es aburrido.

.... es pesado.

.... es una tontería.

13

En parejas, leed esta lista de palabras. ¿Conocéis el significado de todas?

- una corbata
- una minifalda
- una camisa de rayas
- un anorak
- un jersey de cuello alto
- una camisa estampada

- un chándal
- una camiseta de manga corta
- un jersey fino
- unas medias
- unos calcetines de cuadros

14

Habla con tu compañero de la ropa del ejercicio anterior. ¿Qué prendas tienes? ¿Cuáles no? ¿Tienes muchas?

15

Completa con información sobre ti.

1. En mi armario hay sobre todo...	2. En verano suelo llevar...

3. Nunca me pongo...	4. En invierno suelo llevar...

5. Una prenda que no soporto:	6. El color que me sienta mejor:

7. Una prenda que nunca me pondría...	8. El color que me sienta peor:

9. Suelo dormir con...	10. Algún día me gustaría comprarme...

02
EL CARRITO DE LA COMPRA

16

Identificad estos alimentos que están en las fotografías de la página 64.

1. ....:
es un embutido de color rojo hecho con carne de cerdo.

2. ....:
es un animal que tiene ocho patas y que vive en el mar.

3. ....:
se toman en el desayuno con leche, con frutos secos, con yogur... Suelen ser de maíz.

4. ....:
es una salsa de color claro que se hace con huevo y aceite.

17

Preparad otras definiciones. Vuestros compañeros tienen que adivinar de qué alimento se trata en cada caso.

18

Escribe tres alimentos o bebidas de las imágenes que te gustan y tres que no te gustan.

Me gusta/n	No me gusta/n

19

Escribe los signos de puntuación necesarios en estos dos textos y escribe mayúsculas donde haga falta.

Yo soy una persona bastante sana como mucha fruta y verdura e intento tener una alimentación equilibrada y natural hago la compra en varios sitios la verdura la compro en una tienda pequeña al lado de mi casa y voy una vez por semana al mercado del barrio a comprar carne y pescado

No me gusta mucho cocinar y como mucho fuera pero me cuido bastante cuando voy a un restaurante intento no comer fritos ni cosas con mucha salsa casi siempre pido una ensalada o algo de verdura y carne o pescado a la plancha

20

En clase, lee tus textos marcando las pausas. ¿Tus compañeros lo hacen igual?

Escucha a Josefina. ¿Qué cosas come y bebe?
¿Qué otras imaginas tú que consume?

22 ¿Qué te parece la alimentación de Josefina? ¿Se parece a la tuya? Coméntalo con tus compañeros.

Josefina dice que come	Josefina dice que bebe

Otras cosas que imagino que come	Otras cosas que imagino que bebe

Completa estas frases según tu opinión. Luego compara tus respuestas con las de un compañero. ¿Estáis de acuerdo?

1. Hacer la verdura al vapor es .... **sano que freírla.**

2. Tomar fruta fresca es .... **que tomarla en conserva.**

3. Los tomates de invernadero son .... **que los de temporada.**

4. El zumo envasado no tiene .... **vitaminas como el recién exprimido.**

5. Hacer una gran compra una vez a la semana es .... **práctico que hacerlo cada día.**

6. Comprar la carne y el pescado en el mercado es .... **caro que en un supermercado.**

7. En las pequeñas tiendas no puedes encontrar .... **ofertas como en los grandes supermercados.**

8. Comprar los alimentos por internet es .... **barato y práctico que ir a una tienda.**

9. Las bebidas isotónicas tienen .... **azúcar como los refrescos.**

10. Desayunar poco es .... **que tomar un desayuno abundante.**

24

¿Qué es o no importante para ti en estas situaciones?

1. Cuando voy a un restaurante, para mí lo más importante es ....

lo menos importante es ....

2. Cuando busco un destino para las vacaciones, para mí lo más importante es ....

lo menos importante es ....

3. Cuando elijo una película para ver, para mí lo más importante es ....

lo menos importante es ....

4. Cuando ...., para mí, lo más importante es ....

lo menos importante es ....

25

Ordena las siguientes cantidades.

- **100 gramos**
- **300 gramos**
- **medio kilo**

- **medio litro**
- **tres cuartos de kilo**
- **tres cuartos de litro**

- **un cuarto de kilo**
- **un cuarto de litro**
- **un decilitro**

- **un kilo**
- **un litro**

+ ....

....

....

....

....

−

+ ....

....

....

....

....

−

26

¿Cómo es en tu país?

1. En España la leche se compra sobre todo en bricks de un litro.

....

2. En España indicamos el peso de las personas en kilos.

....

3. En España, para tomar cerveza de barril en los bares, pedimos cañas o jarras.

....

4. En España el aceite de oliva se compra en botellas de un litro.

....

5. En España los huevos se venden en paquetes de media docena o de una docena.

....

27

¿Cuánto cuestan estos productos aproximadamente? Escríbelo en letras. Si no lo sabes, escribe lo que crees que cuestan. ¿Coinciden tus precios con los de tus compañeros?

Una bolsa de patatas fritas: ....

Un paquete de café de 250 gr: ....

Una docena de huevos: ....

Una lata de cerveza: ....

Una botella grande de Coca-Cola: ....

Un kilo de plátanos: ....

Un litro de leche: ....

ARCHIVO DE LÉXICO

28

Completa este crucigrama.

Horizontales

1. Si un producto dura y no se rompe es de buena...
2. Alimentos conservados a temperaturas muy bajas.
3. Tienda donde se venden productos cosméticos.
4. Tipo de alimentos hechos con carne, sobre todo de cerdo, muy usados para hacer bocadillos.
5. Envase que puede ser de cartón.

Verticales

1. Una cosa que miras para decidir si compras algo.
2. Lo que se hace en una tienda de ropa antes de comprar una prenda.
3. Tomar alimentos.
4. Tamaño de una prenda, que puede estar en letras o en números.
5. Medida de peso.

29

Busca dos palabras que pueden combinarse con las del crucigrama anterior.

alimentarse	bien

VÍDEO

 campus.difusion.com

30

¿Recuerdas por qué a Violeta le gusta comprar en estos lugares? Escríbelo aquí. Vuelve a ver el vídeo y compruébalo.

1. El mercado (frutería y pescadería)

....

....

2. Una tienda de ropa de segunda mano

....

....

3. Una tienda de productos para animales

....

....

4. Internet

....

....

....

31

Vuelve a ver el vídeo y anota los productos, las cantidades y los precios de lo que Violeta compra cada día.

Lunes	Martes

Miércoles	Jueves

Viernes	Sábado

Domingo	Total de la semana:

32

¿Se parecen tus compras semanales a las de Violeta? ¿Compras en lugares parecidos? ¿Compras el mismo tipo de cosas que ella? ¿Cuál es tu gasto semanal? Habla con un compañero.

TE LLAMO Y HABLAMOS

01
¿SABEMOS COMUNICARNOS?

1

¿Cuáles de estas cosas has hecho esta semana? ¿Cuáles no?

	Sí	No
1. Chatear con un/a amigo/a.		
2. Bajarte una película.		
3. Llamar por teléfono a un familiar.		
4. Buscar información en internet para tus estudios/tu trabajo.		
5. Colgar fotos.		
6. Entrar en internet para buscar información para un viaje.		
7. Recibir un correo de una persona de tu familia.		
8. Llamar a un amigo que no ves desde hace tiempo.		

2

Después de hacer el test de la página 72, usa las preguntas y respuestas para escribir algo sobre ti. Si es necesario, modifica las frases del test.

En las fiestas, normalmente...

3

En el test de la página 72, busca ocho expresiones con la estructura verbo (+ preposición) + nombre.

1. Hablar con todo el mundo

2.

3.

4.

5.

6.

7.

8.

4

Este es el blog de un español que está viajando por Escandinavia. Resume en pocas frases las cosas que le extrañan de la manera de comunicarse de los escandinavos.

Viajando por Escandinavia
por Alberto Gómez

20 ENERO

Me resulta un poco difícil comunicarme con los escandinavos. Para empezar, me parece que, cuando hablan, te miran menos a los ojos que nosotros. En las conversaciones a veces se producen pausas muy largas que para nosotros serían insoportables y no siempre responden inmediatamente a las preguntas: a veces tardan algunos segundos. Eso me parece extraño.

Hacen menos gestos que nosotros, no te interrumpen nunca y, para mostrar que te están escuchando, hacen una especie de aspiración, como el sonido de una a. Por eso, a veces me resulta difícil saber cuándo han terminado una conversación.

En general, expresan desacuerdo menos que nosotros y, cuando lo hacen, dicen algo así como "¿Ah, sí?", con un tono de decepción. Y para expresar sorpresa utilizan la frase "No es verdad", pero imagino que es solo una manera de decir que algo les parece extraordinario. Tengo la sensación de que, al contrario de lo que pasa entre españoles, no sienten la necesidad de hablar todo el tiempo cuando están con alguien y que pueden estar un largo tiempo juntos callados; la verdad es que eso me gusta.

Le parece que los escandinavos...

 5

¿Y las personas de tu país? ¿Cómo se comunican? Comentadlo en grupos y escribid algunas características.

66
Los italianos hacemos muchos gestos.
99

6 🔊 12-15

Escucha estos fragmentos de un programa de radio y marca si lo que escuchas es un problema de comunicación o un consejo.

	Problema	Consejo
1.	☐	☐
2.	☐	☐
3.	☐	☐
4.	☐	☐

7 🔊 13-14

Escucha los dos problemas otra vez y anota en qué consisten.

1. ....
....
....
....

2. ....
....
....
....

←

8 🔊 16-17

Piensa en uno o dos consejos para cada problema. Después escucha los consejos de la grabación. ¿Coinciden con los tuyos?

Consejo para el problema 1:
....
....
....

Consejo para el problema 2:
....
....
....

←

9

¿Qué piensas de las personas que se comportan de la siguiente manera?

1. Las personas que hablan demasiado...	2. Las personas que hablan demasiado bajo...
Son un poco pesadas. A mí normalmente no me gustan.	

3. Las personas que solo hablan de ellas mismas...	4. Las personas qute no miran a los ojos cuando hablan...

5. Las personas que hablan demasiado alto...	6. Las personas que nunca hablan en serio...

10 👥

En grupos. Pensad en un problema que puede tener una persona y escribid tres o cuatro consejos. Leedlos después a toda la clase, que debe adivinar de qué problema se trata.

- **Puedes...**
- **Tienes que...**
- **Deberías...**

Deberías salir más.

Tienes que relacionarte con gente nueva.

Puedes apuntarte a clases de baile.

11

Identifica a quién se refieren **le** o **les** en las frases siguientes.

1. A Lola le ha escrito una carta Ernesto.

2. Lola **le** ha escrito a Ernesto una carta.

3. A Ernesto le gusta la casa de Lola.

4. A Lola le gusta la casa de Ernesto.

5. ¿**Les** has dicho a Ernesto y a Agustín que Lola **les** ha mandado un email?

6. Agustín **le** cuenta a Ernesto que Lola **les** ha mandado un email.

7. ¿Qué **les** ha preguntado Lola a Agustín y a Ernesto?

8. A Agustín le han enviado un regalo Ernesto y Lola.

12

Ahora completa estas frases con los pronombres de objeto indirecto y las preposiciones **a** (**al**) que faltan.

1. .... he comprado una bici .... mi sobrino. Mañana es su cumpleaños.

2. La mayoría de la gente .... ha regalado dinero por nuestra boda.

3. ¿Cómo? ¿Mis padres .... venden su casa .... Marcos y .... ti? ¡No me han dicho nada!

4. Siempre .... preguntas cosas muy difíciles .... profesor.

5. Charo y Andrés .... han prestado dinero .... unos amigos suyos para montar una empresa.

6. Por tu cumpleaños, Charles y yo .... vamos a dedicar .... una canción en la radio.

13

Entre estos posibles regalos, decidid a qué persona de la clase le va mejor.

Un CD de flamenco

Un cheque regalo para comprar muebles

Un libro de cocina española

Una raqueta de tenis

Un monopatín

Una maleta

Dos entradas para un partido de fútbol

66 Le podemos regalar el CD a John. 99

14

Ahora pensad en otros regalos diferentes para el resto de los compañeros.

66 A Elke le podemos regalar un libro de poesía. 99

15

¿Qué crees que están haciendo estas personas ahora mismo?

1. Tu mejor amigo/a	2. Tu padre
Yo creo que está	

3. Tu madre	4. Tu profesor/a de español

5. Tus vecinos	6. Otras personas importantes para ti (al menos tres)

02
¿CONECTADOS EN SOLEDAD?

 16

¿Qué relación tienes con las siguientes actividades? Usa los siguientes recursos.

- **Lo hago mucho / a menudo / de vez en cuando.**
- **No lo hago mucho/nunca.**
- **Tengo que hacerlo por...**
- **Me encanta.**
- **No me gusta/interesa.**

Mandar correos electrónicos	Ver vídeos en YouTube
Conocer gente en la red	Escribir en Twitter
Escribir en foros	Comprar en internet
Buscar información en la red	Entrar en Facebook u otra red social
Chatear	Mandar mensajes
Leer periódicos en internet	Hacer operaciones bancarias en internet

 17

Haz una encuesta en tu entorno sobre esos mismos hábitos a dos personas de diferente edad. Toma nota de sus respuestas y preséntaselas al resto de la clase.

 18

Leemos las siguientes citas, escogemos una y escribimos nuestra opinión sobre el tema.

Estas tecnologías no nos hacen tontos; al contrario, nos mantendrán inteligentes.

Steven Pinker
(Universidad de Harvard)

Cuando abres un libro te aíslas de todo porque no hay nada más que sus páginas. Cuando enciendes el ordenador te llegan mensajes por todas partes, es una máquina de interrupciones constantes.

Nicholas Carr
(autor de *Superficiales. ¿Qué está haciendo Internet con nuestras mentes?*)

Obviamente, todo en esta vida tiene sus peligros, incluyendo el caminar por la calle o entrar en el banco de la esquina. (...) Internet es exactamente igual: hay barrios buenos y barrios malos, sitios con garantías y sitios desconocidos, prácticas buenas y malas.

Enrique Dans
(IE Business School)

19

Vuelve a leer las citas de la actividad anterior y completa estas frases con sus ideas principales. Atención: no puedes usar más de cinco palabras en cada hueco.

1. Steven Pinker

Las tecnologías no nos hacen ....,

al contrario, ...

2. Nicholas Carr

Cuando abres un libro ....,

mientras que con internet ....

3. Enrique Dans

Todo tiene sus peligros ....,

pero ....

20

¿Cómo traducirías a tu lengua las palabras en negrita en el ejercicio anterior?

←

21 🔊 **18-20**

Lee las siguientes citas sobre internet y escucha la grabación. Relaciona las opiniones que vas a escuchar con la cita a la que corresponden.

	1.	2.	3.
1. Mario Vargas Llosa (Premio Nobel de Literatura) "Cuanto más inteligente sea nuestro ordenador, más tontos seremos."	☐	☐	☐
2. Joe O'Shea (Universidad de Florida) "Sentarse y leer un libro de cabo a rabo no tiene sentido. No es un buen uso de mi tiempo, ya que puedo tener toda la información que quiera con mayor rapidez a través de la web."	☐	☐	☐
3. Max Otte (economista) "Hoy tenemos decenas de cadenas de televisión, miles de portales de internet y decenas de miles de blogs, pero estamos peor informados que hace 30 años: estamos más desinformados y por ello somos más manipulables."	☐	☐	☐

22

Estás hablando con dos personas en un chat sobre cómo han cambiado algunos de vuestros hábitos.

 Gustavo34
Antes me levantaba muy tarde, pero ahora, no. Me gusta levantarme temprano, hacer cosas en casa o salir a dar un paseo. A veces salgo a correr antes de desayunar.

 Roberto_mad
Pues yo, no. Yo siempre me he levantado tarde, pero, claro, es que también me acuesto muy tarde. Si no tengo nada que hacer, no me levanto antes de las 12.

(Tú)
....
....
....
....

 Gustavo34
Cuando tenía 20 o 21 años, salía mucho. Casi todos los días iba con mis amigos a tomar algo, a jugar algún partido de baloncesto. Ahora, prefiero estar más en casa mirando cosas en internet o leyendo.

 Roberto_mad
Yo no. Yo siempre he salido mucho. Ahora también prefiero estar con amigos que quedarme en casa y siempre tengo algún plan para hacer algo.

(Tú)
....
....
....
....

 23

Piensa en cómo habéis cambiado tú y tu entorno respecto al año pasado.

Este año   El año pasado

24

Completa este cuadro.

	pensar	acostarse	volver	decir
Yo	pensaba			decía
Tú		te acostabas		
Él/ella/usted			Volvía	
Nosotros/nosotras				
Vosotros/vosotras	pensabais	os acostabais		
Ellos/ellas/ustedes				

25

Habla con un compañero sobre cuando erais niños. Escribe primero las preguntas que quieres hacerle.

26

Escribe un texto con la información que has obtenido. El profesor va a recoger los textos y a repartirlos por la clase. Lee el que te ha tocado e intenta adivinar de quién se trata.

27

¿Qué verbo se combina con las palabras de cada serie? Añade una más en cada caso.

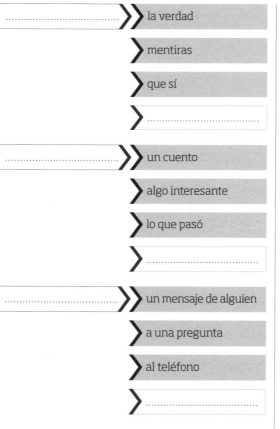

.... > la verdad
> mentiras
> que sí
> ....

.... > un cuento
> algo interesante
> lo que pasó
> ....

.... > un mensaje de alguien
> a una pregunta
> al teléfono
> ....

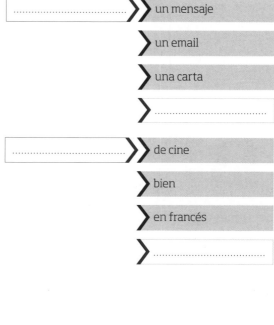

.... > un mensaje
> un email
> una carta
> ....

.... > de cine
> bien
> en francés
> ....

ARCHIVO DE LÉXICO

28

¿Cómo hablan tus compañeros o tu profesor?
Completa las frases con sus nombres.

"Buenos días a todos."

1. .... habla despacio.

2. .... no habla con acento.

3. .... habla mucho por teléfono.

4. .... habla poco en clase.

5. .... habla moviendo mucho las manos.

6. .... habla pensando mucho lo que dice.

29

¿Qué piensas de cómo hablas en tu propia lengua y en otras que hablas? ¿Qué te dice la gente? Prepara una pequeña presentación para leerla delante de la clase.

En italiano hablo bastante rápido y la gente me dice que hablo un poco bajo. Tengo bastante acento romano. Cuando hablo en inglés, la gente me dice que hablo bastante bien, pero que tengo un acento muy fuerte. En español, creo que hablo...

30 **21**

Antonia cuenta de qué habla con sus amigas y amigos.
Toma nota y escribe luego de qué hablas tú.

Antonia	Yo
Con sus amigas habla de...	
Con sus amigos habla de...	

31

Comenta con un compañero lo que haces tú.

32

Responde a estas preguntas y comenta tus respuestas con los compañeros y el profesor.

1. ¿Hay una frase que dices mucho en español?	**2. ¿Hay una palabra en tu lengua que dicen mucho los jóvenes para saludar? Tradúcela al español.**
....	....
3. ¿Hay alguna palabra que dices mucho en tu lengua?	**4. ¿Qué se dice en tu lengua para pedir la cuenta en un restaurante? Tradúcelo al español.**
....	....

33

Responde a las siguientes preguntas.

1. Qué es lo primero que has dicho hoy? ¿A quién se lo has dicho?	**2. ¿Crees que decir mentiras está justificado? ¿Cuándo?**
....	....
3. ¿Qué personaje público crees que dice muchas cosas interesantes?	**4. ¿Te cuesta decir que no? ¿A quién?**
....	....
5. ¿Te gusta escuchar las conversaciones ajenas? ¿En qué situaciones?	**6. ¿Escuchas atentamente a tu profesor de español?**
....	....
7. ¿Te gusta contar chistes? ¿Sabes hacerlo bien?	**8. ¿Cuentas cuentos a tus hijos o a otros niños de tu entorno?**
....	....
9. ¿De qué cosas sueles discutir? ¿Discutes de política? ¿Con quién?	**10. ¿Respondes todos los mensajes que recibes?**
....	....

34

Enséñale tus respuestas a un compañero. Él te puede hacer preguntas y hacer comentarios.

35

Relaciona las palabras y expresiones de la izquierda con sus opuestos. Cuidado, algunas expresiones tienen significados muy cercanos.

1. decir mentiras	**a. bajarse algo**
2. colgar algo	**b. conocer gente**
3. estar incómodo	**c. estar de acuerdo**
4. ser tímido	**d. molestar**
5. aislarse	**e. recibir**
6. ser de diferente opinión	**f. sentirse bien**
7. enviar	**g. ser sincero**
8. gustar	**h. ser sociable**

VÍDEO

campus.difusion.com

 36

Ahora completa las respuestas de los encuestados con las palabras que faltan. Compruébalo con el vídeo.

¿Puedes vivir sin móvil?

1. ....
no podría vivir sin móvil. He estado una
semana y ....
....

2. Es algo que...
ahora ....
para comunicarse...

3. ....
anteriormente sin móvil y no ha habido
problema para mí.

4. Sí, sí, ... Sí, sí.

 37

Ahora ve el vídeo desde el minuto 1:01 y completa las respuestas de los encuestados con las palabras que faltan.

¿Cada cuánto miras el móvil?

1. Pues no lo sé, cada........................ cada ....,
como mínimo.

2. En el trabajo que tengo ahora no ....

3. ¡Cada ....! ¡Cada diez ....!

4. No sé. No sabría decirlo. .... me asusto si lo sé.

¿Cuántas veces llamas por el móvil al día?

1. Pocas. Si ...., o sobre todo para llamar a mis padres.

¿Eres adicto al móvil?

1. Yo .... no.

2. Adicta no, pero ....

3. Creo que soy .... al móvil.

 38

Por grupos, haced las preguntas del vídeo a varias personas de vuestro entorno y luego presentad los resultados en clase.

AÑOS, SIGLOS Y MILENIOS

01
UN CONTINENTE DE HISTORIA Y DE ARTE

1

En las páginas 84 y 85 se dice cuándo sucedieron nueve hechos. Complétalos y ordénalos cronológicamente.

1. En 1811 Chile eliminó...

2. En 1848 México tuvo que...

3. En 1910 empezó...

4. En 1962 hubo una crisis política internacional...

5. En 1968 los Juegos Olímpicos fueron en...

6. En 1975 se creó...

7. En 1977 las Madres de la Plaza de Mayo salieron...

8. En 1990 Violeta Chamorro fue elegida...

9. En 2016 se firmó el acuerdo...

2

Después de hacer el juego de las páginas 84 y 85, completa las siguientes frases.

1. La ciudad más antigua de América es.............................

2. Chile fue el primer país que abolió la ....

3. La .... empezó en 1910.

4. Gabriel García Márquez ganó el Nobel de ....

5. Los .... de 1968 fueron en México D.F.

6. En 2016 se firmó el .... de Colombia entre la guerrilla y el Gobierno.

7. Simón Bolívar fue un militar fundamental para conseguir la .... de muchos países de América Latina.

8. En 1975 se creó en Venezuela "El sistema" de .... infantiles y juveniles.

9. El grupo Calle 13 ha conseguido más de 20 .... Grammy latinos.

10. En 1962 hubo una ....

3

Con las estructuras de las frases anteriores, escribe cosas que sabes sobre tu país (personajes, hechos históricos, lugares...).

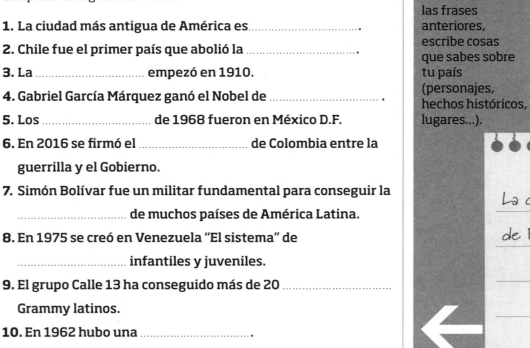

La ciudad más cosmopolita de Brasil es São Paulo.

4 **22**

Escucha un concurso de radio sobre la historia de España.
Anota las preguntas y las respuestas.

1.

Pregunta:
....
Respuesta:
....

2.

Pregunta:
....
Respuesta:
....

3.

Pregunta:
....
Respuesta:
....

4.

Pregunta:
....
Respuesta:
....

 5

En parejas. Cada uno coloca las formas verbales en el lugar adecuado y completa su tabla
después con las formas que faltan.

Alumno A

- **anduvo**
- **hicimos**
- **quisisteis**
- **tuve**
- **estuvimos**

	Tener	Estar	Andar	Hacer	Querer
Yo					
Tú					
Él/ella/usted					
Nosotros/nosotras				*hicimos*	
Vosotros/vosotras					
Ellos/ellas/ustedes					

Alumno B

- **dijeron**
- **supisteis**
- **puso**
- **pudimos**
- **redujisteis**

	Saber	Decir	Reducir	Poder	Poner
Yo					
Tú					
Él/ella/usted					
Nosotros/nosotras					
Vosotros/vosotras					
Ellos/ellas/ustedes		*dijeron*			

6

Pregúntale a tu compañero diez formas de su tabla. ¿Cuántas te dice de forma correcta?

—Querer, ustedes.
—Quisieron.

7

Completa las frases siguientes con los verbos del recuadro en la forma correspondiente del indefinido.

> - tener
> - estar
> - ser
> - haber
> - durar
> - producir
> - poner
> - celebrarse
> - fundar
> - decir

1. Los primeros Juegos Panamericanos .... en Buenos Aires en 1951.

2. La escritora chilena Gabriela Mistral .... la ganadora del premio Nobel de literatura en 1945.

3. Los españoles .... Buenos Aires en 1536.

4. Emiliano Zapata .... la frase "Más vale vivir de pie que morir de rodillas".

5. La llegada de los españoles .... la caída del Imperio inca.

6. La dictadura de Pinochet .... 17 años: de 1973 a 1990.

7. La primera capital del Virreinato de Nueva España .... localizada en Ciudad de México.

8. Hernán Cortés .... la primera piedra de la catedral de México en 1524.

9. El escritor uruguayo Mario Benedetti .... que exiliarse tras el golpe de estado en Uruguay de 1973.

10. En el siglo XIX .... varias guerras de independencia hispanoamericanas.

8

Un personaje histórico nos habla de su vida. Completa las frases con los verbos en indefinido. ¿Adivinas quién es?

1. Algunos historiadores dicen que (nacer) *nací* .... en Génova, pero no está claro. (morir) .... en Valladolid en 1506.

2. De 1476 a 1485 (vivir) .... en Portugal.

3. En 1483 y 1485 (presentar) .... mi proyecto al rey de Portugal.

4. En 1486 (hablar) .... con Isabel la Católica y le (contar) .... mi proyecto.

5. En agosto de 1492 (salir) .... del puerto de Palos con tres barcos.

6. En ese viaje (pasar) .... por las islas Canarias.

7. El 12 de octubre de 1492 (llegar) .... a una isla y le (dar) .... el nombre de La Española.

8. (volver) .... a España y (anunciar) .... una gran noticia a los Reyes Católicos.

9. (hacer) .... ese mismo viaje tres veces más.

9

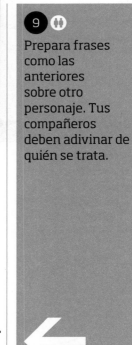

Prepara frases como las anteriores sobre otro personaje. Tus compañeros deben adivinar de quién se trata.

10

Reformula estas fechas. Tienes que utilizar **a principios de**, **a mediados de** o **a finales de**.

- El día 4:

a principios de mes

- En 1907:

....

- El miércoles:

....

- En diciembre:

....

- El 15 de marzo:

....

- En 1892:

....

 11

¿Sabes qué sucedió en las siguientes fechas? Haz hipótesis y después busca la información en internet.

1. El año 476 d. C....

....

2. El 12 de octubre de 1492...

....

3. En octubre de 1917...

....

4. En agosto de 1945...

....

5. El 21 de julio de 1969...

....

6. El 9 de noviembre de 1989...

....

 12

Relaciona estos acontecimientos con sus protagonistas.

1. Llega a la Luna en 1969.
2. Llegan al Polo Sur en 1911.
3. Inventa el primer submarino militar en el siglo XIX.
4. Se funda en el siglo VIII a. C.
5. Protesta contra el trato a los afroamericanos en EE. UU.
6. Se construye en 1962.
7. Se celebra en 1901.
8. Celebran las primeras olimpiadas modernas en 1896.
9. Conquista la Galia en el siglo I a. C.
10. Llegan a Brasil en 1500.
11. Empieza en 1939 y termina en 1945.
12. Empiezan a luchar por su independencia contra las tropas de Napoleón en 1808.

a. El estadounidense Neil Amstrong	☐
b. La II Guerra Mundial	☐
c. Roma	☐
d. Los griegos	☐
e. Los españoles	☐
f. Julio César	☐
g. El muro de Berlín	☐
h. Los noruegos	☐
i. La primera edición de los Premios Nobel	☐
j. Martin Luther King	☐
k. Los portugueses	☐
l. El español Isaac Peral	☐

 13

Las frases anteriores están en presente histórico.
Escríbelas en tu cuaderno usando el pretérito indefinido.

 14

Continúa las frases con hechos históricos que desconoces y pregunta a tu compañero si él sabe la respuesta. Si no, buscad la información en internet.

No sé quién...
No sé cuándo...
No sé si...

02
DE TECNOCHTITLÁN A CIUDAD DE MÉXICO

15

Estas frases resumen el texto de las páginas 88 y 89. Ordénalas.

- [ ] **Los mexicas luchan contra los españoles, pero pierden.**
- [ ] **Llegan tribus del norte que fundan nuevas ciudades, entre ellas Tenochtitlán, en una isla del lago Texcoco.**
- [ ] **Tenochtitlán se convierte en Ciudad de México y en la capital del Virreinato español.**
- [ ] **Alrededor del lago Texcoco nacen ciudades importantes como Cuicuilco y Teotihuacan.**
- [ ] **Tenochtitlán se convierte en la capital de los mexicas.**
- [ ] **Los españoles llegan a la ciudad y son bien recibidos.**

16

Escribe qué pasó en la ciudad de Tenochtitlán en estas fechas.

1356

En 1356...

1519

1536

17

Escribe cinco preguntas sobre el texto y házselas a un compañero. Él te tiene que contestar sin mirar el libro.

18

Lee el texto de las páginas 88 y 89 y marca qué información no se dice.

1. Tenochtitlán era una ciudad construida en las montañas. □

2. Había canoas que comunicaban la isla con la tierra. □

3. La agricultura era la base de la economía. □

4. Dos acueductos llevaban agua a la ciudad. □

5. Los mexicas compraban y vendían productos. □

6. Usaban monedas de oro y plata. □

7. Los mexicas tenían murallas para defender la ciudad. □

19

Busca en el texto y escribe las preposiciones que faltan junto a estos verbos.

1. Los mexicas expulsaron .... los españoles .... la ciudad.

2. La ciudad se convirtió .... el centro del imperio.

3. Los mexicas se levantaron .... los españoles

4. Los españoles se instalaron .... Coyoacán.

5. Sus habitantes aprendieron .... cultivar productos que exportaron .... todo el planeta.

20

Las siguientes frases están en el texto de las páginas 88 y 89. Clasifícalas.

	Son acciones que hacen avanzar el relato	Describen una situación
1. Tenochtitlán era entonces una de las ciudades más pobladas del mundo	□	□
2. Hernán Cortés llegó a la ciudad	□	□
3. Dos acueductos llevaban agua a la ciudad	□	□
4. Los mexicas los expulsaron de Tenochtitlán	□	□
5. Cortés y su ejército tomaron la ciudad	□	□
6. El comercio era una de las bases de su economía	□	□

¿Sabes quién fue Malinche? Lee este texto y añade las descripciones que aparecen abajo.

Un personaje muy importante en la conquista de México fue la Malinche. Parece que la Malinche sirvió a Hernán Cortés como intérprete por su dominio de la lengua mexica y de la lengua maya. Además ayudó a Cortés dándole información importante sobre cuestiones sociales y militares de la sociedad mexica y sobre las relaciones entre los distintos pueblos (6), información que él utilizó para derrotarlos.

Malinche nació en 1500 entre los mexicas. ( ), pero su familia la dio como esclava ( ) a un cacique maya, después de una guerra entre los mexicas y los mayas.

En esta época, Cortés llegó de Cuba con su intérprete de la lengua maya, el sacerdote Jerónimo de Aguilar.

El cacique maya, ( ) le ofreció a Cortés alimentos, oro y, además, 20 esclavas; ( ). Cortés las repartió entre los oficiales de su ejército, aunque finalmente Malinche se quedó a su servicio. ( ). Poco después ella aprendió castellano y pudo ser una intérprete directa. Jerónimo la bautizó y le puso el nombre de Marina. Malinche se ganó la confianza de Cortés y este la hizo su amante. De hecho Malinche tuvo un hijo con él.

Malinche estuvo en muchos de los encuentros entre los jefes de los pueblos enemigos de los mexicas, ( ). Dicen que también estuvo en el encuentro entre Moctezuma y Cortés.

1. entre ellas estaba Malinche

2. que se oponían a ellos porque exigían grandes tributos y sacrificios humanos.

3. Era hija de un noble rico

4. que quería tener buenas relaciones con los españoles,

5. Malinche hablaba maya con Jerónimo y náhuatl con los pueblos de esta lengua, y Jerónimo traducía del maya al castellano

6. que vivían bajo el imperio de Moctezuma

7. cuando era pequeña

22

En el relato siguiente están solo las acciones que hacen avanzar el relato. Imagina y escribe la información que falta.

1.

Clodomiro Peláez fundó la

empresa textil Cero cuando

....

solo 20 años y .... en

Barcelona con sus padres. Tres años

después se trasladó a París porque

.... y

abrió su primera tienda en Francia. Clodomiro

pronto se convirtió en un personaje

conocido de la vida cultural parisina que

....

2.

Antes de cumplir los 40, recibió el premio al

mejor Empresario Europeo y dos años más

tarde se casó con Martine Renaud, una chica

que ....

3.

Clodomiro y Martine volvieron a vivir a

Barcelona, donde nacieron sus cuatro hijos,

porque .... y allí

siguen viviendo todavía.

 23

Escribe algunas frases sobre tu vida siguiendo el ejemplo anterior. Ten en cuenta las acciones que hacen avanzar el relato en indefinido y la descripción o contextualización en imperfecto. Puedes usar estos verbos u otros: **vivir**, **estudiar**, **trasladarse**, **conocer**, **viajar**, ...

En 2015, cuando tenía 22 años, empecé a estudiar español en una escuela que estaba cerca de mi casa porque quería viajar a Argentina. Dos años después, viajé a Buenos Aires y allí conocí a una chica que...

 24

¿De qué ciudad habla cada texto?

1. .... **en el año 10 d. C.**
En aquella época esta ciudad era la capital del imperio. Tenía numerosos edificios públicos y grandes templos dedicados a diferentes dioses. La gobernaba el emperador Augusto.

2. .... **en 1500**
En esa época la ciudad tenía más de 50 000 habitantes. Había grandes canales con barcas que llevaban a los palacios y las iglesias. Tenía una plaza central en la que estaba la catedral. Era conocida como "Serenísima República de San Marcos".

3. .... **en el siglo XVI**
En esa época era el principal puerto de salida hacia América y por el río Guadalquivir podían navegar los barcos más grandes de la época. La vida en la ciudad era muy animada, ya que gracias al comercio con América se reunían en ella gentes de todas partes de Europa.

4. .... **en el siglo X**
En esa época la ciudad era un importante centro político y cultural de la civilización islámica y la ciudad más poblada de Europa. Los califas tenían aquí sus palacios. Las calles eran muy animadas y había grandes mercados en los que se vendían especias, frutas, telas y mercancías exquisitas.

25

Escribe un pequeño texto sobre una ciudad en cualquier época, pero introduce tres informaciones falsas. Tus compañeros tienen que descubrirlas.

ARCHIVO DE LÉXICO

 26

Completa el esquema con el verbo adecuado y añade dos palabras más en cada serie.

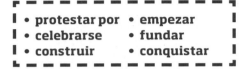

> - **protestar por**
> - **celebrarse**
> - **construir**
> - **empezar**
> - **fundar**
> - **conquistar**

.... >>	un país
	una región
	....
	....

.... >>	una reunión
	unas olimpiadas
	....
	....

.... >>	una guerra
	una época
	....
	....

.... >>	una muralla
	un castillo
	....
	....

.... >>	una ciudad
	un partido político
	....
	....

.... >>	la subida de los precios
	la falta de trabajo
	....
	....

27

Completa las frases con **hubo**, **fue** o **fueron**.

1. ¿Cuándo .... el desembarco de Normandía?

2. ¿En el siglo XVI .... alguna guerra de religión?

3. ¿Cuándo .... la primera guerra mundial?

4. El año pasado .... una manifestación multitudinaria en mi ciudad.

28

Completa las siguientes categorías con las palabras que has aprendido en esta unidad y quieres recordar.

Lugares

Una ciudad, un continente

Edificios/construcciones

Pirámide

Acontecimientos

Una guerra

Verbos

Fundar (algo)

29

Completa las preguntas sobre la historia de España y busca la información para dar las repuestas correctas.

1.

– ¿ .... hay en España un régimen democrático?

– Desde ....

2.

– ¿ .... lucharon los visigodos en el siglo VIII?

– Contra los ....

3.

– ¿ .... rey español se casó la reina María de Inglaterra en el siglo XVI?

– Con el rey ....

4.

– ¿ .... partido político es el actual presidente del Gobierno español?

– Del ....

30

Prepara las preguntas de este test cultural.

Premio Nobel de Literatura en 1982
Gabriel García Márquez

1

....
....
....

Frontera sur con México
Guatemala

5

....
....

El Imperio maya
2500 años

2

....
....
....

Montañas del continente americano
Los Andes

6

....
....

La guerra de las Malvinas: Argentina
Contra Gran Bretaña

3

....
....
....

La cultura rapanui
En la Isla de Pascua

7

....
....
....

La última dictadura en Argentina
1976-1983

4

....
....
....

Medellín
Una ciudad colombiana

8

....
....
....

VÍDEO

¿Sabes cuándo y dónde se
empezaron a cultivar las patatas?

▶ campus.difusion.com

 31

¿Qué cosas recuerdas de la patata? Escríbelas en las fichas siguientes,
individualmente. Luego compara tus respuestas con las de un compañero.

¿Cuándo se empezó a cultivar la patata?

....
....

¿Dónde se empezó a cultivar la patata?

....
....

¿Desde cuándo existe la patata en Europa?

....
....

¿Se comía la patata en Europa en el siglo XVI?

....
....

¿Cuándo empezó el consumo generalizado de patatas en Europa?

....
....

¿En qué posición está entre los alimentos más consumidos del mundo?

....
....

¿Quién inventó las patatas fritas?

....
....

¿Por qué un cocinero inventó las patatas fritas?

....
....

¿En qué país se hace el mejor licor de patata?

....
....

¿Quiénes trajeron la patata a Europa?

....
....

 32

Ahora comprueba
tus respuestas con
el vídeo y corrige
las que estén
equivocadas.

 33

Vuelve a ver el vídeo y fíjate en cómo se expresa en él
desconocimiento o duda.

....
....
....
....
....

 34

En grupos, preparad un
cuestionario similar al
del vídeo sobre la historia
de un alimento u objeto
que os interesa. Hacedles
las preguntas a varios
compañeros y, si disponéis
de los medios técnicos,
grabadlas y compartidlas
en el espacio virtual.

UNIDAD DE REPASO 2

1 VALORAR Y EXPRESAR GUSTOS

Completa estas frases con información sobre ti.

1. .... no me interesa nada.

2. .... me parecen bastante interesantes.

3. .... me divierte mucho.

4. .... para mí es un rollo.

5. .... no me dice nada.

2 VALORAR Y EXPRESAR GUSTOS

Para estos principios de frases, escribe continuaciones posibles combinando los elementos del recuadro.

para mí	es/son gusta/gustan interesa/ interesan parece /parecen relaja/relajan	muy mucho bastante un poco nada Ø	agradable (s) un rollo una pesadilla emocionante (s) relajante Ø
a mí (no) me			

1. Un viaje largo en tren...

....

....

2. Unas vacaciones en familia...

....

....

3. Una tarde de compras en un centro comercial...

....

....

4. Una fiesta de disfraces...

....

....

3 VALORAR Y EXPRESAR GUSTOS

Valora las siguientes actividades utilizando los verbos **parecer**, **ser**, **divertir**, **relajar** e **interesar**.

- **Estudiar gramática**

....

- **El cine en versión original**

....

- **Los partidos de fútbol**

....

- **La música clásica**

....

- **Salir a bailar a discotecas**

....

- **Hablar de política**

....

- **Las reuniones familiares**

....

- **Los viajes organizados**

....

4 👥 VALORAR Y EXPRESAR GUSTOS

Ahora pregunta a cinco compañeros sobre las actividades anteriores o sobre otras que te interesen y rellena una ficha como la siguiente para cada uno. ¿Responden cosas similares? ¿Hay alguna respuesta que te parece especialmente interesante? Coméntalo con el resto de la clase.

Actividad: ....

A.. le/les

parece...

....

A .... le/les ....

....

Para .... es...

....

....

5 LA COMPARACIÓN

Piensa en varios lugares que conoces y compara cómo son en ellos las cosas del recuadro u otras relacionadas con la alimentación y el consumo.

Utiliza las estructuras **más/menos... que...; tan... como...; tanto/a/os/as ... que; mejor/ peor que...**

- **la comida típica**
- **los restaurantes**
- **los mercados al aire libre**
- **los bares**
- **la atención al público en las tiendas**
- **las librerías**
- **los precios de los alimentos**
- **las tiendas de productos biológicos**
- **la calidad del café**
- **la calidad de la cerveza**
- **los precios de las bebidas alcohólicas**
- **el precio de la carne**
- **los programas de cocina en la tele**
- **los restaurantes vegetarianos**
- **la calidad del servicio en los bares**
- **las rebajas**
- **la variedad de productos en los supermercados**

Creo que en Bruselas no hay tantos bares como en Madrid, pero, en cambio, puedes encontrar más...

LAS PRENDAS DE ROPA

¿Qué combinaciones son posibles? Relaciona y haz los cambios necesarios.

1. unos zapatos

grises,

....

....

2. una blusa

....

....

....

3. unos pantalones

....

....

....

4. un jersey

....

....

....

a. de cuadros
b. de lana
c. azules
d. de manga larga
e. gris

f. de rayas
g. de cuello alto
h. estampada
i. de tacón
j. de seda

k. cortos
l. de manga corta
m. de cuero

---

7 **ESTAR + GERUNDIO**

Mira estas imágenes de la vida de Gema y escribe cada pie de foto donde corresponda. Inventa después los dos pies que faltan.

1. En un festival, cantando con el coro.
2. En la universidad, recogiendo el premio de fin de carrera.
3. En el zoo, dando de comer a unos delfines.
4. En casa, estudiando para los exámenes de fin de curso.

8

Muestra fotos tuyas (de tu teléfono, de Facebook o tráelas a clase) y explica qué estás haciendo y con quién estás en cada una.

....

....

....

....

9 **GERUNDIO**

Escribe una lista con tres cosas que estás haciendo estos días y tres cosas que no. Compara luego tu lista con la de tu compañero. ¿Coincidís en vuestras actividades?

Estoy

Estos días estoy levantándome tarde.

No estoy

No estoy haciendo mucho deporte.

 10 **PRETÉRITO IMPERFECTO**

Escribe una lista de preguntas posibles para averiguar cómo era la vida de un compañero cuando era pequeño.

¿Cómo eras físicamente?

¿Cómo era tu colegio?

11

Hazle las preguntas a tu compañero y, con sus respuestas, escribe un breve texto.

←

12

Colgamos los textos en la clase sin escribir el nombre del protagonista. Nos levantamos y los leemos. ¿Sabemos quiénes son todos?

←

 13 **PRETÉRITO IMPERFECTO**

Escribe una lista de cosas que no podían hacer tus padres cuando eran jóvenes y que tú sí puedes hacer ahora.

Mis padres no podían usar internet porque no había.

14 **EL IMPERFECTO Y OTROS TIEMPOS**

Las vidas de Sergio y Carla han cambiado en los últimos años. Escribe, como mínimo, cinco cambios que crees que se han producido.

Antes	Ahora
....	....
....	....

Antes	Ahora
....	....
....	....

 15 **EL IMPERFECTO Y OTROS TIEMPOS**

Relaciona las frases de la columna A con sus continuaciones lógicas en las columnas B y C.

A	B	C
1. Carlos y yo éramos muy buenos amigos.	El pasado agosto mi novia me regaló una bici por mi cumpleaños,	En la actualidad, no nos vemos nunca.
2. Antes Rodrigo iba todos los días al gimnasio.	Hace un año, él dejó de estudiar para empezar a trabajar.	y ahora no puede entrenar.
3. El curso pasado iba todos los días en metro y autobús a la escuela.	Pero durante unas vacaciones en Italia nos enfadamos mucho.	Y ahora solo hablan por teléfono de vez en cuando.
4. Antes mis amigos Fran y Elena se veían casi todos los días en la universidad.	El año pasado se rompió una pierna,	así que ahora voy a la escuela menos estresado.

16 EL IMPERFECTO Y OTROS TIEMPOS

Completa las siguientes frases siguiendo el modelo de la actividad anterior. Conjuga los verbos en presente, indefinido o imperfecto. Usa los marcadores temporales y los conectores necesarios.

Antes	Hace un año	Ahora
Yo **comer alimentos grasos** **estar gordito**	**empezar a comer más sano**	**sentirse mejor**

Antes yo comía alimentos grasos y .... Hace un año ....

.... y ahora ....

Antes	Hace unos meses	En la actualidad
Diego y Aitor **trabajar en la misma oficina** **ser buenos amigos**	**tener una discusión**	**trabajar en diferentes departamentos**

....

....

Cuando éramos pequeños	En 2000	Ahora
Nosotros **vivir en una casa de las afueras**	Mis padres **cambiar de trabajo** Nosotros **mudarse al centro de la ciudad**	Nosotros **tener un bonito ático con vistas al parque**

....

....

Antes	El año pasado	Ahora
Laura **leer todas las noches**	**comprarse una tele** **dejar de leer**	**pasar horas viendo la tele**

....

....

17 EL IMPERFECTO Y OTROS TIEMPOS

Ahora escribe ejemplos sobre ti.

Antes	El año pasado	Ahora

....

....

18 SER Y HABER

Completa estas frases con **hubo**, **fue** o **fueron**.

1.

– ¿Cuándo .... las olimpiadas de Barcelona?

– .... en 1992.¿No te acuerdas?

2.

El año pasado .... muchas manifestaciones en contra de la política sanitaria del Gobierno.

3.

En el 2001 se produjo una gran crisis económica en Argentina y en diciembre de ese año .... una huelga general.

4.

– ¿Recuerdas cuándo .... la Guerra de Cuba?

– Sí, claro, en 1898, cuando después de la derrota española Cuba se proclamó independiente.

5.

Después de la llegada de los españoles .... bastantes epidemias en el nuevo continente.

La consecuencia de ello .... la disminución de la población indígena.

19 IMPERSONALIDAD

Elige la opción adecuada para cada frase.

1. La penicilina .... **en 1928, en un laboratorio inglés.**

a. se descubrió
b. descubrió
c. descubrieron

2. Alexander Fleming .... **la penicilina en 1928.**

a. se descubrió
b. descubrió
c. descubrieron

3. Los Juegos Olímpicos modernos .... **en Atenas en 1896.**

a. organizaron
b. se organizó
c. se organizaron

4. Los griegos .... **la ciudad de Empuries en el 575 a.C.**

a. fundaron
b. se fundó
c. se fundaron

5. El Acta de Independencia del Imperio Mexicano .... **en 1821.**

a. firmó
b. firmaron
c. se firmó

20 IMPERSONALIDAD

Completa las frases con el verbo en indefinido. Usa los verbos en la forma impersonal cuando sea necesario.

1. Los incas (construir) .... el Machu Picchu a mediados del siglo XV.

2. El Tratado de Tordesillas (firmar) .... en 1494, entre los reinos de Castilla y Portugal. Con él, los dos reinos dividieron los derechos de conquista de los territorios de América.

3. La Ciudad de Buenos Aires (fundar) .... dos veces: la primera en 1536, por Pedro de Mendoza, y la segunda, en 1580, por Juan de Garay.

4. Juan de la Cierva (inventar) .... el autogiro, un precursor del actual helicóptero, en 1920.

5. La Corona de Castilla (conquistar) .... las islas Canarias entre 1402 y 1476, con una fuerte resistencia en algunas islas.

6. Los romanos (fundar) .... muchas ciudades en la península ibérica, entre ellas la ciudad de Caesaraugusta, la actual Zaragoza (España), en el 14 a.C.

7. El primer microscopio (inventarse) .... en el siglo XVII, en Holanda, al mismo tiempo que el primer telescopio.

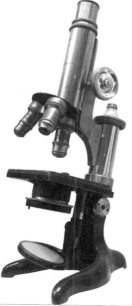

21 IMPERSONALIDAD

Escribe seis frases con información acerca de tu país siguiendo el modelo anterior (tres en forma personal y tres en impersonal). Usa los verbos **fundar**, **descubrir**, **inventar**, **conquistar**, **construir** y **firmar**.

1.

2.

3.

4.

5.

6.

DE USAR Y TIRAR

01
NUEVA VIDA PARA LOS MATERIALES

1

Completa esta tabla con materiales y objetos.

Cosas de plástico
vasos

Cosas de ▭
libros, periódicos

Cosas de metal

Cosas de ▭
ropa

2

¿Tienes en tu casa algún objeto hecho con material reciclado? ¿Con qué está hecho? En clase, decidid cuál es el objeto más original.

3

Busca en el texto de la página 97 los siguientes verbos en la segunda persona del singular (**tú**) del imperativo.

Comprar:

Hacer:

Reutilizar:

Desenchufar:

Ahorrar:

Elegir:

Reducir:

Evitar:

4

¿Cómo se forma el imperativo en los verbos en español? ¿Hay alguno irregular entre los ocho anteriores?

←

5

Escribe dos recomendaciones utilizando la segunda persona del singular del imperativo (**tú**) para cada uno de estos temas.

1. Para hacer un buen regalo a un amigo

....

....

2. Para encontrar un buen trabajo

....

....

3. Para ganar dinero de forma fácil y rápida

....

....

4. Para divertirte en el trabajo

....

....

6

Busca imperativos en los enunciados de este libro y escribe el infinitivo al lado.

lee – leer

7

Completa el cuadro con las siguientes formas del imperativo y con los infinitivos.

venid	subid	come	poned
comprad	haced	habla	sal

imperativo		infinitivo
tú	vosotros	
....	....	....
....	....	....
....	....	....
....	....	....
....	....	....
....	....	....

8 **23**

Completa el cuadro anterior con las formas del imperativo que vas a oír en los diálogos.

9 🔊 **24**

Escucha esta entrevista a Ana y a Carlos. ¿Cuál de los dos te parece menos concienciado con temas ecológicos? ¿Por qué?

	+	-	¿Por qué?
1. Ana	☐	☐	....
2. Carlos	☐	☐	....

10

Fíjate en la transcripción del diálogo anterior. Señala con un color las frases que tienen la estructura verbo + objeto directo; y con otro color las frases que tienen la estructura objeto directo + **lo**, **la**, **los**, **las** + verbo. ¿Cuándo se usa esta última estructura?

Pues mira, yo normalmente no reciclo muchas cosas, no tengo tiempo para eso. Mi familia me critica porque tiro las revistas viejas a la basura y porque me gusta guardar cosas como los móviles antiguos y otras cosas que no funcionan.

Ah, pues yo los móviles también los guardo, mis hijos juegan con ellos, pero las revistas y, en general, los papeles los llevo a reciclar.

Y también tengo las pilas en una bolsa en la cocina, porque nunca sé qué hacer con ellas.

Para mí eso es fácil. Al lado de mi casa hay un contenedor especial para pilas, así que las pilas las llevo a ese contenedor, siempre. Y, otra cosa que hago, llevo la ropa que ya no uso a una tienda de segunda mano y a veces vendo cosas antiguas, muebles sobre todo, a través de internet, pero pocas veces.

Ah, eso yo también, algunas cosas que ya no quiero las vendo en eBay. Hace poco vendí una moto y me he comprado una nueva. Pero la ropa no, la ropa vieja normalmente la tiro a la basura.

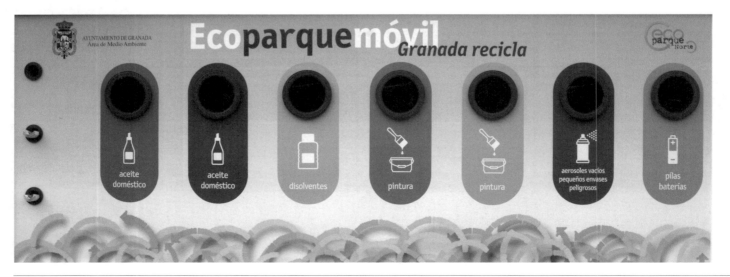

11 **25**

Escucha este diálogo entre dos personas que ordenan una habitación.
Anota los objetos de los que hablan y lo que deciden hacer con ellos.

1.	2.
Los libros, los ponen en la estantería.	
3.	4.
5.	6.

12

En las respuestas a estas preguntas faltan algunos pronombres.
Escríbelos en el lugar correspondiente.

1. ¿No sabes qué hacer con tu bicicleta vieja?

a. Puedes vender en eBay.   *la*

b. Tira a la basura.

2. ¿Has perdido la cartera?

a. Lo mejor es buscar bien por toda la casa.

b. Compra otra. Si un día encuentras, tienes dos.

3. ¿La tele no funciona?

a. Lleva a arreglar a un técnico.

b. Arregla tú. Es muy fácil.

4. ¿Un buen amigo está solo y deprimido?

a. Llama por teléfono y habla con él un rato para animar.

b. Invita a cenar.

5. ¿No has visto las dos últimas películas de Almodóvar?

a. Seguro que puedes encontrar en el videoclub.

b. Baja de internet. Es más cómodo y más barato.

13

Decide qué consejo es mejor para cada cuestión.

←

14

Escribe una pregunta posible para cada respuesta.

1.

– *¿Sabes dónde están mis zapatos nuevos?*
– Búscalos en el armario, tienen que estar ahí.

2.

–
– Ponlos encima de esa mesa, por favor.

3.

–
– Déjala tranquila, te puede morder.

4.

–
– Tienes que abrirlo con cuidado para no romperlo.

5.

–
– Lo mejor es comprarlo en EE. UU., porque allí es mucho más barato.

15

Relaciona cada comienzo de frase con una continuación.

1. Los discos de vinilo
2. El pan
3. La chaqueta de piel
4. Las maletas
5. Los pantalones vaqueros
6. El pescado para la cena
7. La basura
8. Las pilas de la radio

a. normalmente lo compro en el supermercado.
b. ¿lo hacemos al horno o frito?
c. la sacamos por las noches a la calle.
d. las guardo debajo de la cama.
e. las he guardado en el cajón.
f. los tengo en el salón, al lado de la televisión.
g. nunca la pongo en el armario.
h. nunca los plancho. Me los pongo así, sin planchar.

16

Escribe frases para describir objetos o personas de tu entorno sin mencionar el nombre (usa **lo**, **la**, **los** o **las**). En clase, léeselas a tus compañeros. ¿Saben a qué o a quién te refieres en cada caso?

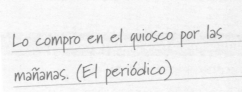

Lo compro en el quiosco por las mañanas. (El periódico)

02
SEIS RAZONES PARA COMPRAR...

 17

Estas frases aparecen en el texto 02. Relaciona las frases de la columna de la izquierda con su continuación en la de la derecha. Lee los textos y comprueba.

1. ¿Buscas a un manitas para reparar tu bicicleta?

2. Cada producto de segunda mano que compras

3. Han aparecido muchas aplicaciones de móvil o tableta

4. Con la crisis económica de los últimos años

5. Ya no compra en mercadillos quien no puede pagar otra cosa, sino

6. Visitar los mercados de pulgas

a. que permiten geolocalizar a los usuarios y chatear con los vendedores.

b. quien busca algo especial y exclusivo.

c. Pídeselo a alguien en un banco del tiempo.

d. es una de las cosas más interesantes de las ciudades.

e. es un producto nuevo que no se vende.

f. muchas personas han vuelto a comprar y vender cosas de segunda mano.

---

18 🔊 **26**

Escucha de nuevo la grabación de la actividad D y contesta las preguntas.

1. ¿Qué es Wallapop?
....
....

2. ¿Funciona bien? ¿Por qué?
....
....

3. ¿Qué características tiene?
....
....

4. ¿Cuál puede ser el problema de comprar en los mercadillos, según el chico?
....
....

5. ¿Han cambiado los mercadillos en la actualidad? ¿Por qué?
....
....
....

---

19 🎭

De la siguiente lista, ¿qué cosas comprarías de segunda mano? ¿Cuáles no? ¿Por qué? En clase, compara tus respuestas con las de un compañero.

	Sí	No
1. Un coche	☐	☐
porque...		
2. Un teléfono móvil	☐	☐
3. Una lavadora	☐	☐
4. Una televisión	☐	☐
5. Una bicicleta	☐	☐
6. Unas gafas de sol	☐	☐
7. Unas botas	☐	☐

20

¿Qué haces en los siguientes casos? Usa los elementos de las cajas que necesites y conjuga los verbos en la forma adecuada.

• le (se)	

• lo	
• la	
• los	
• las	

• dar	• mandar
• reciclar	• tirar
• vender	• ir
• llevar	• buscar
• devolver	• cambiar
• comprar	• arreglar
• guardar	• pedir
• regalar	

• a	
• en	
• por	

¿Qué haces cuando...

... te regalan algo que no te gusta?

....

... se estropea un electrodoméstico viejo en casa?

....

... no te pones prendas de ropa que todavía están en buen estado?

....

... necesitas un mueble para tu casa pero no quieres gastar mucho dinero?

....

... no funciona un ordenador o una tableta que acabas de comprar?

....

... caducan los medicamentos que tienes en casa?

....

... no encuentras en las tiendas el modelo de teléfono que quieres?

....

... no sabes reparar algo muy sencillo?

....

21

Indica en cada frase o situación para que se usa el imperativo.

- **Dar instrucciones**
- **Aconsejar**
- **Invitar**
- **Dar permiso**
- **Dar órdenes**
- **Hacer peticiones en registros informales**

1.

– ¿Te importa si bajo la música?
– No, bájala, bájala.

dar permiso

2.

Comed todo lo que queráis, hoy pago yo.

....

3.

Si realmente quieres ser feliz, olvida a este chico.

....

4.

Pela el aguacate, córtalo en trozos y agrégalo a la ensalada.

....

5.

Déjame el bolígrafo un momento, el mío no va.

....

ARCHIVO DE LÉXICO

22

Ordena las frases de cada serie.

1.

.... Marina se acuesta a las ocho y media.

.... Marina está acostada y casi dormida.

.... Marina acuesta a Pepón antes de acostarse.

2.

.... Marina está peinada.

.... Marina se peina antes de salir.

.... Marina peina a Pepón cuando está peinada.

3.

.... Pepón y Marina están vestidos.

.... Marina viste a Pepón.

.... Marina se viste después de vestir a Pepón.

23

Ahora mira estas ilustraciones. ¿Qué frase de las anteriores corresponde a cada una?

1. ....

2. ....

3. ....

24

Lee el siguiente correo y contesta a las preguntas.

Estimado Javier:

¿Qué tal? Le escribo porque tenemos varias cosas en la casa que no funcionan. La más urgente es la calefacción. La hemos encendido, pero el radiador del cuarto de estar está estropeado y no calienta. Ahora estamos comiendo en nuestro dormitorio.
La otra cosa es la lavadora. **Aunque** se estropea con frecuencia, si no ponemos mucha ropa funciona. **Pero** esta vez está totalmente estropeada. ¿Llamamos nosotros a un técnico o prefiere hacerlo usted?
Una última cosa: alguien ha roto el buzón. Nosotros tenemos clase por la mañana pero por la tarde estamos en casa. Mejor llámenos al móvil para asegurarse de que vamos a estar.

Un saludo,
Christian

1. ¿Qué relación tienen Javier y Christian?

....
....
....
....
....

2. ¿Por qué escribe Christian a Javier?

....
....
....
....
....

 25

¿Y tú, tienes algo estropeado en casa? Usa el modelo anterior y escríbele un correo al dueño de tu casa diciéndole qué cosas no funcionan.

Para:
....
Asunto:
....
Mensaje:
....
....
....
....
....
....
....
....
....
....
....
....
....
....
....
....
....
....
....
....
....

26

¿Qué puede significar **está estropeado** en cada caso?

1. El grifo está estropeado.	**2. El horno está estropeado.**
No cierra bien y sale agua.	

3. El frigorífico está estropeado.	**4. La estufa está estropeada.**

5. El despertador está estropeado.	**6. La tele está estropeada.**

7. El mando de la tele está estropeado.	**8. La lavadora está estropeada.**

27

Completa las frases con el adjetivo o la expresión adecuados y escribe su opuesto.

	≠
1. Cuando un objeto es de un modelo muy antiguo, está	
2. Cuando tu móvil no tiene batería, está	
3. Normalmente, cuando recoges un aparato del servicio técnico, está	
4. Cuando una pila ya no funciona, está	

28

¿Objeto o material? Marca qué es cada cosa. Puedes usar el diccionario.

	objeto	material
algodón	☐	☐
barro	☐	☐
bolsa	☐	☐
caballo	☐	☐
camisa	☐	☐
cartón	☐	☐
cristal	☐	☐
goma	☐	☐
jarrón	☐	☐
lámpara	☐	☐
madera	☐	☐
mesa	☐	☐
metal	☐	☐
muñeca	☐	☐
papel	☐	☐
plástico	☐	☐

 29

Escribe en tu cuaderno combinaciones posibles de objetos y materiales.

una camisa de algodón

VÍDEO

campus.difusion.com

30

¿Qué recuerdas sobre las obras de Imanol Ossa? Completa con los datos que faltan y comprueba luego con el vídeo.

1. Es una .... que está hecha con ...., que es un ....

2. Es una ...., está hecha de .... que encontré en la calle.

3. Son .... hechos con ...., ...

4. Es un .... hecho con dos .... y dos .... soldadas con ....

5. Es una ...., está hecha con una estructura de .... encontrada en la calle y una rejilla de ....

6. Es un ...., inspirado en un .... antiguo de ...., del siglo XIX. Está hecho con .... que son .... y .... de alpaca plateada, antiguas.

7. Son ...., están hechas con ...., recogidos en las costas y en las playas y también con .... de pescado.

31

En parejas, entrad en la web de Imanol Ossa y elegid las tres obras que más os gustan. Anotad qué son y de qué están hechas y presentádselas al resto de la clase.

¿IGUALES, PARECIDOS O DIFERENTES?

01
LA PAELLA DE PABLO

Observa algunas fórmulas o conectores muy usuales en la conversación. Primero, trata de imaginar a qué pueden corresponder en tu lengua.

- (1) **Oye**, ¿te apetece hacer una barbacoa el domingo?
- Mmmm... (2) **Mejor** una paella. Últimamente te salen buenísimas.
- Bueno, pues (3) **¿por qué no?**
- (4) **Pues** una paella.

- (5) **Mira, que te llamaba porque** el domingo vamos a hacer una paella en casa. Mmmm... ¿Cómo lo tenéis?
- Puff, pues el domingo... es que es el aniversario de bodas de mis suegros.
- (6) **Oh, qué pena**, con la ilusión que nos hacía veros.

- ¡Ay!, ¿venís entonces? ¡Ay, (7) **qué bien**!
- ¡Ay, sí! Me hace mucha ilusión. Oye, dime: ¿qué llevamos? ¿Llevo postre, vino...?
- (8) **Nada, nada, de verdad**, no hace falta nada.

- He traído un vinito del Bierzo que no está nada mal. ¡Y choricito del pueblo! ¿Cortamos un poco y picamos?
- Mmmm... ¡Qué pinta! (9) **Corta, corta**... Buenísimo, tío.

- ¿Os gusta? No sé, a mí me parece..., no sé, que el arroz se ha pasado un poco, ¿no?
- (10) **¡Qué va, hombre!** ¡Que está deliciosa!
- Julie, (11) **anda**, come un poquito más de arroz, (12) **que** esto no engorda. ¿Has probado los caracoles?

- (13) **Venga**, nosotros nos vamos a ir ya, (14) **que** mañana Emilio trabaja.
- (15) **¡Pero si** es muy pronto! Quedaos a cenar. Sacamos algo para picar (16) **y ya está**.
- (17) **No, no, en serio, en serio**, que es tardísimo. Yo mañana me tengo que levantar a las seis. (18) **Venga**, nos vamos ya.

Ahora clasifica los recursos destacados en azul en la actividad anterior.

Señalar que queremos finalizar una conversación: ....
Ofrecer una idea alternativa:...........
Mostrar decepción:...........
Iniciar un tema: ....
Justificar una información: ....
Añadir un argumento:...........
Insistir, reforzar un argumento: ....
Animar a hacer algo, dar permiso: ....
Negar una opinión o información con insistencia: ....
Rechazar una oferta: ....
Señalar que algo es simple, está resuelto: ....
Aceptar una idea o propuesta: ....
Presentar una conclusión: ....
Mostrar alegría: ....

Completa las frases con los elementos del recuadro.

- **mira, te llamaba porque**
- **que**
- **no, no, ni hablar**
- **pero si**
- **de verdad**

- **con lo**
- **qué va, hombre**
- **y ya está**
- **pues**
- **anda**

- **¿por qué no?**
- **que no, que no, que no hace falta**
- **mejor**

1.

- Adiós, me voy, ... tengo hora con el médico y llego tarde...

2.

- ¿Que te vaya a buscar a tu casa en coche? .... tú vives muy cerca de casa de Pilar y yo tengo que cruzar toda la ciudad.

3.

- Yo creo que va a ganar el Barça.
- .... Tiene muchos jugadores lesionados y los últimos partidos han jugado fatal.

4.

- Venga, te llevo a casa, no tardamos nada.
- .... voy andando, son cinco minutos.

5.

- ¿Te apetece tomar algo? ¿Te hago una sopa o unas tostadas...?
- No, ..., no tengo ganas de tomar nada.

6.

- No puedo ir el domingo con vosotros de excursión. Tengo mucho trabajo.
- ¡Qué pena, chico! .... que a ti te gusta ir a la montaña...

7.

- Encargamos unas pizzas .... Así no perdemos tiempo yendo a un restaurante.
- .... Así tenemos más tiempo para estudiar.

8.

- ¿Reservamos los billetes a Berlín para el día 5?
- Uy, no sé... El congreso se inaugura el 5 por la noche.
- .... viajamos el 4. ¿Por la mañana o por la tarde?

9.

- No sé qué llevar a casa de Elisa... ¿Le compro un libro, unas flores...?
- .... le llevamos una botella de vino. Es lo más normal.

10.

- ...., tómate una infusión, te sentará bien.

11.

- Déjame pagar a mí, que tú invitaste el otro día.
- ...., hoy es mi cumpleaños y pago yo.

12.

- ¿Diga?
- Hola, soy Eva.
- ¡Hola! ¿Qué tal?
- .... estamos en Madrid la semana que viene y nos gustaría pasar a veros.
- Uy, qué bien.

4

¿Qué se hace en cada caso? Relaciona las frases con los contextos en los que se dirían.

invitar: ....

presentar: ....

ofrecer ayuda: ....

despedirse: ....

quedar: ....

excusarse: ....

elogiar: ....

1. Mira, Carlos, esta es Irene, una amiga.

2. Hemos pasado un día estupendo.

3. ¿Te echamos una mano?

4. Es que hemos quedado con mis padres.

5. Te ha quedado muy buena.

6. No os conocéis, ¿no?

7. Venga, nos vemos otro día.

8. ¿Qué tal os viene el domingo?

9. ¡Cómo lo siento! Tenemos un compromiso ese día.

10. ¿Os apetece una paellita en mi casa?

11. ¿A qué hora vamos?

12. ¿Quieres que hagamos algo?

13. ¡Qué bien huele!

14. Venga, nos vamos ya.

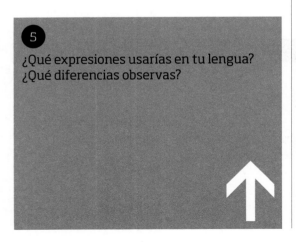

5

¿Qué expresiones usarías en tu lengua? ¿Qué diferencias observas?

 6

Busca alternativas a las expresiones subrayadas entre las de la página 110 del Libro del alumno manteniendo el sentido original.

1.

- Oye, (a) ¿qué haces el domingo por la mañana?
- Pues nada especial. Dormir, supongo.
- Es que un amigo mío juega un partido y vamos a ir a animar. (b) ¿Quieres venir?
- (c) Perfecto, ¿a qué hora?

a. ....

b. ....

c. ....

2.

- Vamos a hacer una cena en mi casa el viernes para celebrar mi cumpleaños. (a) ¿Os viene bien ese día?
- (b) Sí, muy bien. Cuenta con nosotros. (c) ¿Hacemos algo?
- No hace falta, pero si traéis algo de bebida, estupendo.

a. ....

b. ....

c. ....

3.

- Oye, tenemos cena el sábado en casa de Pedro. (a) ¿Qué tal te viene?
- Uf..., (b) ¡cómo lo siento! El sábado (c) no puedo.
- (d) ¿De verdad? Con las ganas que tenemos de estar contigo...

a. ....

b. ....

c. ....

d. ....

7

Prepara alguna actividad con un compañero de clase para el fin de semana, concretad la fecha y la hora. Invita al resto de compañeros individualmente y anota quién va a ir y quién no puede y por qué.

—¿Te apetece venir a una sesión de cine español el sábado?
—¿A qué hora?
—A las cuatro y media. Y termina a las diez y media.
—Pues me viene fatal porque...

8

Has recibido este correo de alguien que te envía una invitación a una celebración familiar. Escribe en tu cuaderno un mensaje de contestación disculpándote por no poder ir.

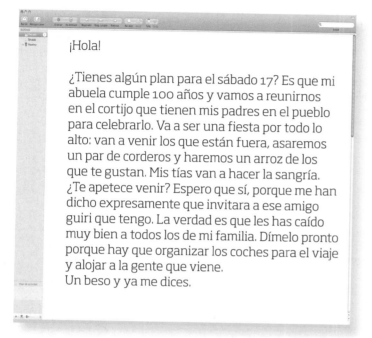

¡Hola!

¿Tienes algún plan para el sábado 17? Es que mi abuela cumple 100 años y vamos a reunirnos en el cortijo que tienen mis padres en el pueblo para celebrarlo. Va a ser una fiesta por todo lo alto: van a venir los que están fuera, asaremos un par de corderos y haremos un arroz de los que te gustan. Mis tías van a hacer la sangría. ¿Te apetece venir? Espero que sí, porque me han dicho expresamente que invitara a ese amigo guiri que tengo. La verdad es que les has caído muy bien a todos los de mi familia. Dímelo pronto porque hay que organizar los coches para el viaje y alojar a la gente que viene.
Un beso y ya me dices.

9

En una hoja, escribe un texto como el anterior proponiendo algo interesante que hacer (deja alguna pista que permita saber que has sido tú el que envía el mensaje). Ayúdate con las expresiones de la página 110.

10

En clase, el profesor recoge todas las respuestas al correo del ejercicio anterior sin leer el nombre de su autor. Tenéis que adivinar de quién se trata.

11

Marca el intruso en cada serie y explica por qué lo es.

1.	2.	3.
¡Fenomenal!	rico	¡Qué pena!
¡Qué bien!	bueno	¡Genial!
¡Qué pena!	delicioso	No me digas...
¡Genial!	precioso	Cómo lo siento...

4.	5.	6.
ofrecer ayuda	besar	amables
dar las gracias	picar	superficiales
pedir perdón	comer	maleducados
abrazar	tomar	bruscos

12

Completa estas frases con la expresión adecuada (**oye, oiga, mira, mire, perdona, perdone**...). Fíjate si están formuladas con **tú** o **usted** e imagina un contexto para cada una: quién las dice, a quién y en qué situación. ¿Cómo las traducirías a tu lengua?

1. ...., Rosa, ¿ya has enviado el informe por fax?

2. ...., su perro se está comiendo la basura.

1. ...., tiene que tomar la primera calle a la derecha y seguir todo recto.

2. ...., primero envíame el correo, yo lo leo y te contesto lo antes posible.

1. ...., ¿sabes dónde hay una farmacia por aquí?

2. ...., ¿me puede decir la hora?

02
EL ICEBERG DE LA CULTURA

13

Lee el texto 02. Luego cierra el libro e intenta completar las siguientes afirmaciones. Después comprueba tus respuestas.

1. Las reglas y costumbres de otros lugares pueden parecernos ...., e incluso ....

2. No comprender las reglas de otra cultura es causa de ....

3. La imagen de un iceberg para referirse a la cultura de un país tiene que ver con ....

4. La mayoría de la gente no es consciente de que actúa .... desde la infancia.

5. Para un español estar callado junto a alguien representa ....; sin embargo, en otras culturas ....

14

Piensa en tus experiencias en España o en Hispanoamérica. Completa estas frases con tus valoraciones siguiendo el modelo de los comentarios de la página 113 del Libro del alumno.

1. Una cosa que me sorprendió es que ....

2. Una cosa que me ha costado/costó aprender es (a) ....

3. Algo que me molesta un poco es que ....

4. He notado que ....

5. Al principio me molestaba un poco ....

15

¿Coincides en algo con los dos compañeros que tienes más cerca?

“ La primera vez que estuve en España me sorprendió mucho que alguien te puede invitar a tomar un café en su casa a las siete de la tarde. Eso en Italia no pasa… ”

16 **27-28**

Francisco y Laura hablan sobre algunos choques culturales que han experimentado.
¿A qué países hacen referencia? ¿En qué consiste cada choque cultural?

País	Choque cultural

17 **29**

Completa las frases del diálogo entre Bruna y su amigo con las palabras y expresiones que faltan. Escucha otra vez la grabación y comprueba.

1. Los argentinos son gente muy

   hospitalaria .... y la

   gente ....

2. La verdad es que .... de que los

   porteños son un .... al resto.

3. Preguntan mucho .... y les gusta

   mucho saber ....

4. Los argentinos .... de ser buenos

   ....

5. Tomar mate es como ...., es como

   ....

6. Los argentinos quedan ....

   ....

18

Piensa en costumbres de tu país y completa estas frases.

En mi país...

cuando un amigo se casa, ...

....

cuando te invitan a una fiesta de cumpleaños, ...

....

cuando alguien se muda a una casa nueva, ...

....

cuando alguien tiene un bebé, ...

....

cuando alguien se jubila, ...

....

cuando ....,

....

....

19

¿Qué recomendaciones hay que seguir en cada una de estas situaciones en tu país? Compara tus respuestas con la de dos compañeros.

1. En una entrevista de trabajo

Si quieres tener éxito en una entrevista de trabajo, tienes que vestir de manera formal y ....

....

Para ....

....

2. En el primer encuentro con los padres de tu novio/a

Para causarles una buena impresión, hay que ....

....

Si quieres ....

....

3. Si te invitan a una comida familiar

....

....

....

4. Durante la cena de empresa en Navidad

....

....

20

Marca si en tu país es normal hacer las siguientes cosas y completa con dos frases más siguiendo el modelo. Comenta estas costumbres con tus compañeros.

En mi país	Sí	No
1. Es normal tutear a los profesores en clase.	☐	☐
2. Es normal dejar el asiento a los mayores en el autobús.	☐	☐
3. Es normal pagar la cena en una primera cita.	☐	☐
4. Es normal hacer autoestop.	☐	☐
5. Es normal entrar con niños en los bares.	☐	☐
6. Es normal besar a la pareja en público.	☐	☐
7. Es normal hablar de política con los amigos.	☐	☐
8. Es normal dejar salir a los niños solos a la calle.	☐	☐
9.	☐	☐
10.	☐	☐

21

¿Qué te parecen las siguientes costumbres: **raras, curiosas, normales**...?

	Me parece
1. Llevar calcetines con sandalias.	....
2. Comer en clase.	....
3. Tener imágenes religiosas en casa.	....
4. Invitar a cenar a los amigos a casa.	....
5. Saludar al entrar en un ascensor.	....
6. Tomar verduras y carne o pescado para desayunar.	....
7. Sentarse o tumbarse en el suelo.	....
8. Mirar a los ojos a la gente por la calle.	....
9. Llamar "cariño" a alguien que no conoces.	....

22

Comenta las costumbres anteriores con tus compañeros.

66

—Para mí, comer en clase es normal. —¿Sí? Pues en mi país es raro, no se puede comer durante las clases... 99

23

Habla con tu compañero y buscad cinco cosas en las que coincidís. Las ideas del cuadro os pueden ayudar, pero podéis pensar otras. Escribid las coincidencias usando **el mismo**, **la misma**, **los mismos**, **las mismas**, **lo mismo**.

- • **¿Qué desayunáis?**
- • **¿En qué barrio vivís?**
- • **¿Qué tipo de cine os gusta?**
- • **¿Dónde compráis...?**

1. ....
....

2. ....
....

3. ....
....

4. ....
....

5. ....
....

66

Mary y yo compramos ropa en la misma tienda.

99

24

Lee este texto sobre las fiestas de quinceañeras en México y escribe tres cosas que te parecen sorprendentes.

El día más inolvidable

Una foto de Ivana María en el gran salón, a modo de bienvenida para los 200 invitados —primos, tíos, vecinos, amigos, abuelos— que la acompañan en su gran día. Hoy cumple 15 años. Un ritual de iniciación social que se celebra por todo lo alto en muchos países de Latinoamérica, como México. La celebración de los 15 años está inspirada en los bailes de la alta burguesía francesa del siglo XIX, cuando las jóvenes asistían a su presentación en sociedad y se observaba tanto su belleza y elegancia como la posición social de sus padres. El festejo comienza con una Misa de Acción de Gracias, para dar gracias por estar toda la familia unida y que la niña haya llegado a los quince años, feliz y sana. Después, la celebración será en un espacio que variará dependiendo de las posibilidades económicas de la familia, pudiendo ser la casa familiar, el patio común de los vecinos o, más normalmente, un salón de fiestas. Pero tanto las familias humildes como las de altos recursos económicos tiran la casa por la ventana: el vestido, la limusina, el salón, el cáterin, los adornos, los regalos a los invitados. Una fiesta de los quince años cuesta alrededor de 6000 €. En muchos casos, todos los miembros de la familia, desde el tío o el padrino hasta los abuelos, colaboran económicamente, para que todo salga perfecto.

Por la mañana, unos mariachis le cantan una serenata a la quinceañera en casa. Después, la iglesia y, por último, el banquete. Tras la comida, el padre y el padrino inician la celebración con un brindis por la "nueva mujer" y con un pequeño discurso. Sin embargo, el momento central de la celebración es el vals, donde la chica con algunos amigos que actúan de chambelanes representan una coreografía inspirada en los bailes de las cortes europeas del XIX. Y besos, abrazos y fotos: todo para que sea un día inolvidable.

1. ....
2. ....
3. ....

 25

Extrae las palabras o frases clave que necesitarías para contarle a alguien en qué consiste esta fiesta. Luego escribe un resumen del texto.

Ritual de iniciación

social, banquete...

26

Prepara una presentación para clase sobre alguna ceremonia o celebración social (de tu país o de otro): bodas, ritos de iniciación, etc. Tus compañeros te podrán hacer preguntas. Incluye la siguiente información.

¿A quién se invita? ¿Cuántas personas suelen ir?
¿Dónde se celebra?
¿Cuánto dura la ceremonia? ¿Y la fiesta de celebración?
¿Cómo hay que vestirse?
¿Quién paga los gastos?
¿Qué cosas no pueden faltar?
¿Hay cosas que hay que hacer?
¿Hay cosas que no hay que hacer?
¿Hay momentos especiales? ¿Qué se hace en ellos?
¿Qué regalan los invitados?
¿Hay alguna superstición relacionada con esta celebración?

27

Escribe en qué situación se producen estas conversaciones y quiénes pueden ser las personas que hablan (edad, profesión). Fíjate en el uso de **tú** y **usted**.

	Situación	Interlocutores
1. a. Oiga, ¿esto está rebajado? b. No, eso no. Tienes que subir a la primera planta.	En unos grandes almacenes	un cliente joven (a) y un dependiente de más edad (b)
2. a. Ay, lo siento. No la he visto. b. No se preocupe. No ha sido nada.		
3. a. Por favor, ¿sabe usted qué parada es la de la catedral? b. Pues, tienes que bajarte... en la próxima no, en la otra.		
4. a. Perdona, ¿la sección de deportes? b. Sí, allá al fondo la tienes.		
5. a. ¿Me trae un café? b. ¿Solo o con leche?		
6. a. ¿Y cuándo puedo entregarle el trabajo? b. El plazo es hasta el 15 de marzo. Envíamelo por correo antes de ese día.		
7. a. Hola, encantada. ¿Cómo está usted? b. Muy bien, hija, muy bien. Así que estudias con mi nieto...		

28

Indica si en estas frases se usa **tú** o **usted** y escribe después cada una cambiando el tratamiento.

1. ¿Me dejas un boli?	tú	Usted: ¿Me deja un boli?
2. Preséntame a tu colega.		
3. ¿Lo aviso si lo llaman por teléfono?		
4. Dale las gracias a tu madre por la cena.		
5. ¿Se siente bien? Yo la ayudo.		
6. ¿Te importa sentarte un poco más cerca?		

29

En cuatro de estas conversaciones hay un error en la forma de tratamiento. Explica cuál es el problema y corrígelo.

1. (Hablando con el conserje de la oficina)
Don López, ¿puede usted avisarme si viene mi hijo?

2. (A un compañero de trabajo)
Jose, guapo, hazme un favor.

3. (A una vecina mayor)
Señora Pepa, tía, ¡cuánto tiempo sin verla!

4. (A un taxista)
Por favor, ¿me llevas al aeropuerto?

5. (Un chico a su hermano mayor)
Carlos, tío, déjame la moto.

6. (A un profesor)
¿Cómo estás, Don Nicolás?

ARCHIVO DE LÉXICO

30

Aquí tienes algunas expresiones con el verbo **hacer**. ¿En tu lengua se usan verbos diferentes para decir lo mismo? Escribe la traducción.

	En mi lengua
1. hacer la comida	
2. hacer la cama	
3. hacer las maletas	
4. hacer los deberes	
5. hacer amigos	
6. hacer calor/frío	
7. hacer un buen/mal día	
8. no hacer nada	
9. hacer la compra	
10. hacer dieta	
11. hacer fotos	
12. hacer un curso	

31

Completa las frases con los adjetivos del recuadro en forma de diminutivo.

- caja
- café
- coche
- momento
- sol
- regalo

1. Mira, te he traído un *regalito* de mi viaje a Grecia.

2. ¿Te apetece un ....? ¿Sí? ¿Solo o con leche?

3. Lola y Manuel acaban de tener un hijo, les vamos a regalar un .... para su bebé.

4. Guardo las pastillas para dormir en la .... de porcelana.

5. Vamos a dar un paseo, que hace ....

6. Espere un ...., el señor García está llamando por teléfono ahora mismo.

32

Escribe el superlativo correspondiente en cada caso. Presta atención a los cambios ortográficos.

1. ¡Mmmm...! Hoy la paella te ha quedado muy rica.
riquísima

2. Yo, si voy a otro país, siempre me llevo una guía de viaje. Son muy prácticas.

3. En mi cultura, darse un abrazo es algo muy extraño.

4. Aquí es muy típico comer con la familia los domingos.

5. Todos los alemanes que conozco son muy amables.

33

Completa la tabla con información sobre tu país.

	En una reunión de trabajo	En una fiesta en casa de alguien	En clase
1. Es mejor no hacerlo.			
2. Hay que hacerlo.			
3. Es lo más normal.			
4. Si lo haces, llamas la atención.			

VÍDEO

campus.difusion.com

 34

¿Recuerdas sobre qué temas habla Rainer y qué dice sobre ellos?

 35

Lee la transcripción e intenta colocar las siguientes expresiones en el lugar correspondiente. Luego comprueba con el vídeo.

- **¡Hombre!**
- **fenomenal**
- **cuídate**
- **no puedo hoy**
- **no me quejo**

- **oye**
- **mira**
- **¿te apetece?**
- **vale**
- **¿qué te trae por aquí?**

- **entonces**
- **qué elegrante**
- **pues nos vemos mañana**

1. Se encuentra con Juanjo, el cartero.

Rainer: (1) ...., Juanjo, ¿qué tal estás?
Juanjo: ¡Hombre!, ¿Qué tal? (2) ....
Rainer: Bueno, a por el pan.

2. Se encuentra con su amiga Irene.

Irene: Rainer, ¿qué tal?
Rainer: ¡Hombre! ¡Irene!
Irene: ¡Hey!, ¿cómo estás?
Rainer: Muy bien, ¿y tú?
Irene: Muy bien. ¡ (3)

....
te veo con la boina!
Rainer: Muchas gracias.
Irene: ¿Qué tal? ¿Cómo estás?
Rainer: (4)

..................................., muy bien.
Irene: ¿Sí? Vi a tu chica el otro día con la niña, que está enorme.
Rainer: Sí, sí, ha crecido un montón.
Irene: ¿Y tú qué tal, y el trabajo?
Rainer: Sí, mucho, mucho. (5) .... ¿Y tú?

Irene: Bueno, podía tener más, pero está bien, no me quejo.
Rainer: Qué bien.
Irene: (6)

..................................., que vi a Marta hoy y hablamos para vernos después, esta tarde, un ratito...
Rainer: ¿Hoy?
Irene: Sí, por la tarde, ¿por ejemplo?
Rainer: (7)

...................................; estoy con los niños por la tarde y luego tengo ensayo.
Irene: ¿Mañana?
Rainer: Mañana.
Irene: Sí, mañana genial. (8) ...., han abierto un barcito detrás de la biblioteca. ¿Lo has visto?

Rainer: Sí, sí, lo he visto.
Irene: Podíamos ir y estrenarlo, a lo mejor, ¿sí?
Rainer: (9)

....
Irene: ¿Te apetece?
Rainer: Pues mañana por la tarde.
Irene: (10)

..............................., genial. Tipo...
Rainer: Siete y media , ocho.
Irene: Vale, yo a las ocho estaré por allí, (11)

....
Rainer: Qué bien.
Irene: Qué bien, oye.
Rainer: (12)

....
Irene: Vale, (13)

..................................., guapo. Chao.

 36

¿Existe una expresión equivalente a las siguientes en tu lengua? ¿Se usan igual?

- **¡Hombre!**
- **¿Qué te trae por aquí?**

- **¡Fenomenal!**
- **No me quejo**

- **entonces**
- **¡Cuídate!**

DE IDA Y VUELTA

01
KILÓMETROS DE SONRISAS

Lee el texto 01 y señala si las siguientes afirmaciones son verdaderas (V) o falsas (F). Corrige la información si no es correcta.

	V	F
1. Álvaro dejó su trabajo de abogado por el sueño de ser ciclista.	☐	☐
2. Su frase al despedirse de sus amigos en 2004 fue "Gracias por apoyar mi proyecto".	☐	☐
3. De 2004 a 2011 estuvo en tres continentes.	☐	☐
4. Ha publicado varios libros y ha protagonizado dos documentales.	☐	☐
5. Ha estado dos veces a punto de morir.	☐	☐
6. Su deseo es hacer reír al mundo.	☐	☐
7. Gasta menos de 400 € al mes, incluyendo gastos de internet, visados y billetes de avión.	☐	☐
8. Duerme en hospitales, cárceles y, a veces, en su tienda de campaña.	☐	☐

En grupos. Anotad los lugares más originales e interesantes en los que habéis estado alguna vez y marcadlos en un mapa del mundo. Decidid cuál es el viaje más interesante en vuestro grupo y presentadlo al resto de la clase.

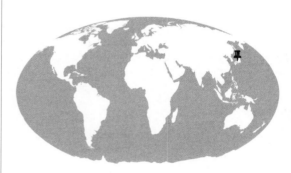

Paul ha estado en Japón.

3 📢 30

Vas a escuchar una entrevista en un programa de radio. Marca en la tabla cuál de las dos personas entrevistadas dice estas cosas: María o Andrés.

	María	Andrés
1. Visito a las personas de los pueblos cercanos.	☐	☐
2. Reunimos alimentos para repartir entre los vecinos.	☐	☐
3. Me encargo de organizar los intercambios de trabajos.	☐	☐
4. Vacunamos a más de 20 000 personas.	☐	☐
5. Lo más importante es dar confianza a la gente.	☐	☐
6. Estamos construyendo un centro de ancianos.	☐	☐
7. Estamos intentando recoger fondos de ayuda.	☐	☐
8. Tengo que dejarlo un tiempo.	☐	☐
9. Pienso seguir trabajando.	☐	☐

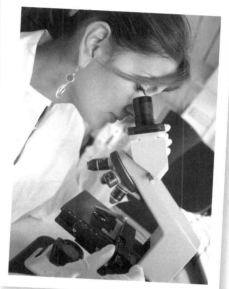

 4

Relaciona la frase con su continuación.

1. Empezó los estudios de informática   a. hace cinco años.

2. Trabaja como jefe de recursos humanos   b. desde hace cinco años.

3. Mi hermana ganó un premio de redacción   a. desde septiembre.

4. Luisa y Javier viven en su nuevo apartamento   b. en septiembre.

5. Mis abuelos se fueron del pueblo   a. desde que se conocieron.

6. Mis padres no se han separado   b. en los años 60.

7. Aprendo portugués por internet   a. desde hace un mes.

8. Carla dejó de trabajar en la oficina   b. hace un mes.

5

Relaciona la frase con su continuación más adecuada.

1. Laura mantiene el contacto con sus amigos de la universidad desde que...

   a. acabó la carrera.
   b. el verano pasado.
   c. diez años.

2. Estudio piano en el conservatorio desde...

   a. era pequeña.
   b. un año.
   c. los 14 años.

3. Estamos viviendo en Bogotá desde...

   a. tres años.
   b. nos casamos.
   c. el año pasado.

4. Mis padres hacen un viaje cada año desde...

   a. 1985.
   b. junio.
   c. hace varios meses.

5. María no ha vuelto a trabajar en la oficina desde que...

   a. los 20 años.
   b. hace una año.
   c. tuvo su hijo

6. José y Mai se conocieron en la universidad y son muy amigos desde...

   a. entonces.
   b. un año.
   c. enero.

7. Trabajo como profesor de diseño desde que...

   a. dos años.
   b. el mes pasado.
   c. acabé el máster.

8. No he vuelto a mi pueblo desde que...

   a. hace cinco años.
   b. se casó mi prima.
   c. la boda de mi amiga Laura.

6

Completa con los artículos **el, la, los, las** siempre que sea posible. ¡En algunos casos no son obligatorios!

1.	2.
El año pasado estuvimos de vacaciones en .... República Dominicana y nos gustó mucho. Pero este año queremos ir al sur, a .... Perú o a .... Venezuela.	Mi hija se va con su novio a .... India y a .... China.
3.	**4.**
Carlos y Dori estuvieron trabajando varios años en .... Estados Unidos, pero tenían ganas de volver a Europa.	¿Sigue tu amigo Fernando viviendo en .... Argentina? Podríamos ir a visitarlo, me encantaría conocer .... Buenos Aires.
5.	**6.**
¿Santiago de Compostela está en .... Coruña o en .... Pontevedra?	En esta época del año los vuelos son más caros a .... Islas Baleares que a .... Canarias.

7

Escribe si estos nombres de lugares llevan artículo. Marca si lo llevan siempre, normalmente, o de manera opcional.

	Siempre	Normalmente	Opcional
El Salvador	☐	☐	☐
(El) Perú	☐	☐	☐
Países Bajos	☐	☐	☐
Japón	☐	☐	☐
Rioja	☐	☐	☐
Estados Unidos	☐	☐	☐
Brasil	☐	☐	☐
Pampa	☐	☐	☐
Islas Canarias	☐	☐	☐
País Vasco	☐	☐	☐
Canadá	☐	☐	☐
India	☐	☐	☐
Habana	☐	☐	☐
República Dominicana	☐	☐	☐

8

Escribe en un papel el nombre de tres países o ciudades. Tu compañero tiene que hacer hipótesis sobre qué relación tienen contigo. Cada jugador sale con 30 puntos y pierde un punto por cada respuesta "no".

—*¿Has vivido allí?*
—*¿Naciste allí?*
—*¿Has aprendido la lengua de este país?*
—*¿Alguien de tu familia es de allí?*

Japón

Francia

México

02
VOLVER A BUENOS AIRES

 9

Lee la introducción de la página 124 y busca la respuesta a estas preguntas.

1. ¿Cuántos emigrantes fueron a vivir a Argentina a principios del siglo xx?

....

....

....

....

....

....

2. ¿Cuántos argentinos viven fuera de su país?

....

....

....

....

....

....

....

 10

¿Conoces a alguien que haya vivido mucho tiempo en otro país? Hazle una entrevista y cuenta su experiencia en clase.

Yo le he hecho una entrevista a mi tía Brunella, que vivió 30 años en Brasil. Se fue en…

11

¿Y en nuestra clase? Pregunta a varios compañeros si han vivido en otro país y por qué. Escribe después un texto con la información más importante que has recogido.

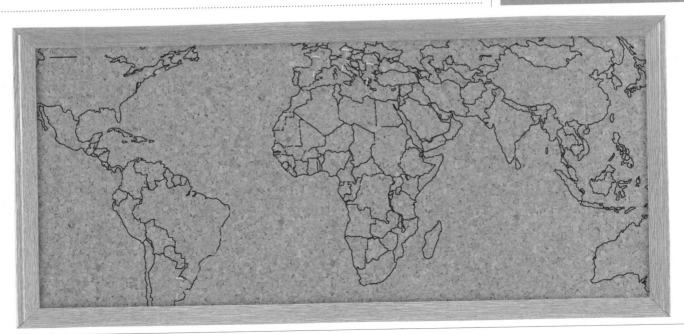

12

Después de leer la entrevista con Bibiana Tonnelier, cierra el libro y contesta a estas preguntas.

1. ¿Qué hacía Bibiana en Atenas?

....

....

2. ¿Dónde vivía?

....

....

3. ¿Cómo valora esos años?

....

....

4. ¿A qué se dedica en Buenos Aires?

....

....

5. ¿Dónde vive en Buenos Aires?

....

....

6. ¿Qué echa de menos de Atenas?

....

....

7. ¿Sigue manteniendo relación con sus amigos de allí?

....

....

8. ¿Piensa volver a Atenas?

....

....

9. ¿Qué planes tiene para los próximos años?

....

....

13

Imagina que un amigo tuyo mexicano quiere ir a vivir al lugar donde vives. Escríbele un correo para describirle tu barrio o tu ciudad, hablarle de ventajas e inconvenientes y darle consejos.

14

Completa con razones para irse a vivir a otro país y con razones para volver.

Me fui de mi país...	Volví a mi país...
porque no encontraba trabajo.	porque no me sentía integrado.
por amor.	porque echaba de menos a mi familia.

15

Lee este correo electrónico. Anota qué está haciendo Pawel en la actualidad y cuáles son sus planes.

> ¿Qué tal, tío?
>
> Hace tiempo que no sé de ti. ¿Qué tal la vuelta a Argentina? ¿Qué estás haciendo? ¿Sigues trabajando con tu hermano o te has buscado otra cosa?
> Yo voy a seguir en España dos meses más, hasta finales de junio. Luego tengo que volver a Polonia y buscar trabajo. Pero no quiero pensarlo. Ahora estoy viviendo con Soy, el japonés, y con Mark. ¿Te acuerdas de ellos? Estamos preparándonos para los exámenes. Y he entrado en un equipo de fútbol de la uni. Estamos entrenando muchísimo. También estoy trabajando los fines de semana en un bar, porque quiero tener algo de dinero para las vacaciones cuando vuelva a Polonia.
> Sigo saliendo con Marita (¡ya llevamos juntos casi seis meses!) y nos vamos a ir de viaje un par de semanas. Quizás a Portugal o a Marruecos, no lo hemos decidido todavía. Después, pensamos volver a Santiago para recoger nuestras cosas, y luego me voy con ella a su casa casi un mes. Queremos recorrer Holanda, en bici, si es posible.
> Y luego, a Polonia.
> Oye, ¿por qué no vienes a verme? Bueno, te dejo, tío, que tengo entrenamiento en media hora.
>
> Pawel

Sus ocupaciones actuales	Sus planes

16

Escribe un correo a una persona de tu clase. Cuéntale qué estás haciendo en este momento y cuáles son tus planes.

17

Escribe seis planes para el futuro. Comparte tu lista con varios compañeros. ¿Coincidís en algo? Después decidid entre todos cuál es el plan más emocionante, el más divertido y el más extraño.

18

Señala cuáles de estas cosas estás haciendo actualmente y cuáles crees que está haciendo un compañero. Pregúntaselo luego para comprobar tus respuestas.

	Tú	Tu compañero
1. Estoy leyendo un libro bastante interesante.	☐	☐
2. Estoy estudiando español.	☐	☐
3. Estoy trabajando demasiado.	☐	☐
4. Estoy pensando en las vacaciones.	☐	☐
5. Estoy practicando algún deporte.	☐	☐
6. Estoy haciendo bricolaje.	☐	☐
7. Estoy siguiendo una serie de televisión.	☐	☐
8. Estoy intentando no engordar.	☐	☐
9. Estoy buscando trabajo.	☐	☐

19

Relaciona cada pregunta con la respuesta adecuada.

1. ¿Desde cuándo vives en Madrid?

2. ¿Cuándo conociste a tu amigo Fernando?

3. ¿(En) qué año nació tu padre?

4. ¿A qué edad empezaste la carrera?

5. ¿Cuántos años tenías cuando te casaste?

6. ¿Cuánto tiempo viviste en Londres?

7. ¿Cuántos años trabajaste en la zapatería?

a. En 1960, cuando mis abuelos se trasladaron a Barcelona.

b. 25.

c. Desde el año pasado.

d. A los 18 años, después de acabar el bachillerato.

e. Ocho.

f. Cinco meses.

g. Hace diez años, cuando estábamos en primaria.

20

Relaciona cada frase de la columna con su continuación.

1. **Quería aprender bien ruso.** Además,
2. **Quería aprender bien ruso.** Por eso

 a. me apunté al curso.
 b. no tenía dinero.
 c. me interesaba el país.

3. **Mi apartamento es demasiado pequeño.** O sea, que
4. **Mi apartamento es demasiado pequeño y,** además,

 a. está demasiado lejos del centro.
 b. no puedo meter todos mis muebles.
 c. me siento cómoda en él.

5. **Mi tío Santiago era muy sociable.** En cambio,
6. **Mi tío Santiago era muy sociable.** O sea, que

 a. su hermano odiaba las reuniones y fiestas.
 b. siempre estaba de buen humor.
 c. le encantaba conocer gente.

 21

Monika, una eslovaca que ha vivido varios años en el País Vasco, cuenta algunas experiencias e impresiones. Marca en cada caso el conector más adecuado.

Yo trabajaba en Bratislava. Entonces conocí a Aitor, mi novio y por eso / en cambio empecé a estudiar español. Yo, entonces, quería ver otros sitios, y además / en cambio acababa de romper con mi novio en Eslovaquia, en fin, que acepté un trabajo en San Sebastián.
Viví tres años allí, y la verdad es que / o sea, que me encantó.
La ciudad es muy bonita, tiene un barrio antiguo precioso y mar. Además / En cambio tiene mucha vida cultural.
Estuve trabajando unos meses en un restaurante, además / o sea, que aprendí un poco de cocina vasca.
La comida es muy buena allí, pero comen mucho pescado y la verdad es que / o sea, que no me acostumbré a comer tanto pescado.
Al principio me costó conocer gente, además / en cambio ahora tengo muchos amigos vascos. Allí nadie hablaba eslovaco o ruso y yo no hablaba español ni vasco, en cambio / o sea, que en los primeros meses no hablaba con casi nadie. Iba bastante a la biblioteca pública y leía mucho en español. Además / Por eso ahora conozco muchos escritores españoles.

 22

Continúa las frases de dos formas diferentes usando en cada caso uno de estos conectores.

- además
- por eso
- y la verdad es que
- o sea que
- en cambio

1. Actualmente estoy estudiando español...

....

....

2. El año que viene termino mis estudios...

....

....

3. Me encanta viajar...

....

....

4. En mi país se hablan varias lenguas...

....

....

5. Pasé un tiempo trabajando antes de ir a la universidad...

....

....

23

¿Qué cambios se han producido en nuestras vidas? Tenemos en cuenta temas como la familia, el trabajo, el lugar de residencia...

— *Yo, cuando era pequeño/ estudiante/más joven... cuando tenía 8 años... cuando vivía/trabajaba/ estudiaba en...*
— *Yo, antes, (no)...*

66

Cuando vivía en Londres, todavía no teníamos hijos. **99**

24 31-33

Escucha la conversación entre estos amigos que están mirando unas fotos y contesta a las preguntas.

Primera foto	Segunda foto	Tercera foto
¿Quiénes están?	¿Quiénes están en la foto?	¿Ha cambiado Adela en los últimos tres años?
¿Cuántos años tenía Mario?	¿Cuántos años tenía Mario?	¿Cómo era de pequeña?
¿Dónde estaban?	¿Cómo era entonces?	¿Qué odiaba?
¿Cómo ha cambiado?	¿Cómo era "La flaca"?	
¿Qué hacía los veranos?	¿Qué hacían en esa época?	

25

En grupos. Busca algunas fotos antiguas tuyas y enséñaselas a tus compañeros. Explica cómo eras, dónde vivías, qué te gustaba y en qué has cambiado.

26

Escribe algunas diferencias y similitudes entre la vida de tus padres a tu edad y tu vida actual.

Diferencias	Similitudes
Mi madre a mi edad estaba casada. Yo tengo pareja, pero no estamos casados.	Ellos vivían también en una ciudad pequeña.

ARCHIVO DE LÉXICO

 27

Completa estas fichas sobre palabras que han aparecido en la unidad.

Vida
Traducción a mi lengua:
....

Combinaciones con otras palabras:
tener una vida normal
vida cultural
....
....
....

Ejemplos:
Mi ciudad tiene mucha
vida cultural.
....
....
....
....
....

Echar de menos
Traducción a mi lengua:
....

Combinaciones con otras palabras:
....
....
....
....
....

Ejemplos:
....
....
....
....
....
....

Viaje
Traducción a mi lengua:
....

Combinaciones con otras palabras:
viaje de negocios
....
....
....
....

Ejemplos:
....
....
....
....
....
....

 28

Marca la opción adecuada en cada diálogo. Luego traduce los verbos a tu lengua.

(Dos amigas en el gimnasio)	(Un padre a su hijo, por teléfono, desde casa)
- ¿A qué hora **has ido**/**has venido** al gimnasio? - A las 18.00, antes de la clase de yoga. - Ya son las 19.30, **voy**/**vengo** a la piscina, a nadar un rato. ¿**Vas**/**Vienes** conmigo? - Sí, claro, **voy**/**vengo** contigo.	- Oye, Roberto, ¿a qué hora **vas**/**vienes** a casa hoy? - Pues hoy **voy**/**vengo** un poco más tarde, a las 20.00.

VÍDEO

▶ campus.difusion.com

29

¿Qué recuerdas de Iván y Mónica? ¿Qué dicen sobre estas cosas? Habla con un compañero y escríbelo.

- **Valencia**

....

- **Escuelita**

....

- **Naturaleza**

....

- **Estrés**

....

- **Tiempo**

....

- **Problemas de salud**

....

- **Familia**

....

- **México, Guatemala**

....

- **Viaje**

....
....

30

Lee la transcripción del vídeo e intenta completarla con los verbos que aparecen en los recuadros. Pueden estar en pretérito indefinido, imperfecto o presente. Luego comprueba con el vídeo.

> • **descubrir** • **gustar** • **cambiar** • **ser**

1. Entonces, después de mucho madurar, a mí siempre me .... mucho viajar, y... bueno, después de mucho hablarlo y de pensarlo bien, se nos ocurrió la idea de por qué no hacer un viaje juntos, ¿no? Y bueno, pues la verdad es que ha sido una idea... .... una idea fantástica porque a partir de ahí las cosas .... muchísimo, ... un montón de cosas y... y bueno.

> • **cruzar** • **ser (tres veces)** • **estar**
> • **decidir** • **irse** • **bajar (dos veces)**

2. Y entonces .... a Me... la idea inicial .... México solo y estuvimos mucho tiempo viajando por México, trabajando también, y luego .... conocer otros países. Y ya que .... hasta abajo, hasta... que nos .... hasta el sur de México, pues ya .... a Guatemala y .... en Honduras y en Nicaragua, también. .... una experiencia increíble, una experiencia maravillosa. O sea, conocer todo tipo de gente, estuvimos trabajando en una escuelita con niños de la calle...

> • **estar** • **vivir** • **encantar** • **quedarse**

3. Y ahí .... bastante tiempo. Nos .... y además fue... es que .... en la naturaleza, o sea, nuestras camas .... colgadas, las casas abiertas, sin puertas, lleno de bichos, ¿verdad?

31

Busca en la transcripción las palabras que significan lo siguiente.

- **muchas cosas**
- **insectos**
- **personas que no tienen casa**
- **fue impresionante**
- **después de pensarlo mucho**
- **tuvimos la idea**

32

¿Te gustaría hacer el mismo viaje y tener las mismas experiencias en América que Iván y Mónica? Escribe un texto explicando por qué.

UNIDAD DE REPASO 3

1 IMPERATIVO AFIRMATIVO

Completa el cuadro de los imperativos con las formas que faltan.

Verbo	Tú	Vosotros	Usted	Ustedes
			viva	
				coman
hablar		venid		
	haz			hagan
decir				
		poned		

2

En parejas, por turnos: dile un verbo y una persona (tú, vosotros, usted, ustedes) a tu compañero. Él tiene que decirte una frase con el imperativo correspondiente.

3 POSICIÓN DE LOS PRONOMBRES

Los eslóganes publicitarios suelen usar con frecuencia el imperativo para convencer a los posibles consumidores. Lee estos eslóganes y relaciónalos con lo que anuncian.

a. **Pon** una en tu mano. La belleza es eterna.

b. **Cómprelas** más baratas en Alcumpa.

c. **Ven** y **llévatelos** puestos.

d. **Léalo** todas las mañanas en su casa.

e. **Baila, diviértete** y **vívelo** con nosotros.

f. **Véanla** ahora. ¡Es fantástica!

1. **Una película nueva**

2. **Unas botas**

3. **Unos vaqueros**

4. **Un periódico**

5. **Un concierto de pop**

6. **Una joya**

4

Inventa tres eslóganes para tres productos diferentes que tengan un imperativo y un pronombre. Tus compañeros tienen que adivinar qué productos anuncian.

5 ◀)) 34-37 IMPERATIVO AFIRMATIVO

Escucha estos anuncios publicitarios.
¿Qué anuncian?

1. ....

2. ....

3. ....

4. ....

6 ◀)) 34-37 IMPERATIVO AFIRMATIVO

Escucha de nuevo los anuncios y completa con los imperativos que faltan.

1. Llegan las rebajas al centro comercial Las Villas. Zapatos, complementos, ropa, muebles, juguetes... Este mes, ... los mejores precios en todas nuestras tiendas. Las mejores marcas y la mejor calidad a los mejores precios. Y además, por compras superiores a 50 euros, puedes comer gratis en cualquiera de los restaurantes del recinto. .... y .... nuestras rebajas. Centro comercial Las Villas, Plaza de España, número 4.

2. ¿Buscas coche? ¿Quieres los mejores precios? En esteestucoche.com tenemos lo que buscas. La mayor variedad de marcas y modelos en vehículos de kilómetro cero y de segunda mano. .... tu coche nuevo y .... en cómodos plazos. Te ofrecemos una garantía de tres años en todos nuestros vehículos, y el seguro te sale gratis durante el primer año. Ah, y nosotros te lo llevamos. Esteestucoche.com. ¡............. ya!

3. -¡Uy, qué nevera tan llena! No sé cómo lo haces, ¡con lo caro que está todo!
- Pues no sé dónde compras tú, ¡pero en Buenprecio no cuesta tanto!
En supermercados Buenprecio llenar el carrito no cuesta tanto. .... nuestras promociones y .... a casa los mejores productos por muy poco dinero. Buenprecio: lo bueno no cuesta tanto.

4. ¡Estoy harto de este ordenador! ¡Primero dejó de funcionar la pantalla, luego el ventilador y ahora no se enciende!
¿Problemas con su ordenador? En Infoarreglo lo solucionamos todo de manera rápida, eficaz y económica. Ordenadores de cualquier marca. Nosotros recogemos su ordenador y se lo devolvemos de manera totalmente gratuita. .... al 902 45 67 89 e .... Infoarreglo, lo arreglamos todo.

7 ◀◗ USOS DEL IMPERATIVO: ACONSEJAR

Lee los siguientes consejos. En parejas, decidid si os parecen buenos o malos. Podéis añadir tres más.

Consejos para preparar una cena con invitados:

1. Infórmate sobre los gustos culinarios de todos los invitados.

2. Prepara un menú con sus platos preferidos.

3. Envía tus invitaciones por escrito con dos semanas de antelación.

Consejos para tener un consumo energético responsable:

1. Por las noches, apaga la calefacción en los dormitorios y usa mantas y edredones.

2. Evita lavar la ropa con agua caliente, emplea el agua caliente solo en caso necesario (en la ducha o el baño).

3. Compra solo electrodomésticos con etiqueta de eficiencia energética.

Consejos antes de irte a vivir a un país extranjero:

1. Aprende la lengua o lenguas que hablan en ese país.

2. Lee libros de historia sobre el país para conocerlo mejor.

3. Contacta con asociaciones de expatriados de tu país.

Mis consejos para...

1. ....
....

2. ....
....

3. ....
....

8 **USOS DEL IMPERATIVO: DAR INSTRUCCIONES**

En grupos, en dos minutos, escribid todas las instrucciones que podáis con el imperativo plural (**vosotros** o **ustedes**). Leed vuestras instrucciones; si las frases son correctas (y las instrucciones razonables), todas las personas del grupo tendrán que realizar la acción que solicitáis.

66
Id a secretaría y traed rotuladores para clase. 99

9 **COMBINACIÓN DE PRONOMBRES DE OBJETO DIRECTO E INDIRECTO**

¿Quién ha comprado qué a quién? Indícalo en el cuadro.

	Quién	Qué	A quién
1. Le he comprado una pulsera preciosa a Laura por su cumpleaños.	Yo	Una pulsera	A Laura
2. Nos ha dicho el profesor que mañana no viene.			
3. ¿Les habéis escrito ya la postal a vuestros padres?			
4. Un chico le ha robado el móvil a Marta esta mañana en el mercado.			
5. El libro, ¿me lo puedes prestar unos días?			
6. Te lo han preguntado muchas veces tus padres: ¿Te vas a casar o no?			

10 **ESTROPEAR, ESTROPEARSE, ESTAR ESTROPEADO**

Completa con los verbos correspondientes.

```
• ha estropeado
• se estropea
• está estropeada
```

```
• se rompen
• están rotos
• rompen
```

```
• se enciende
• enciende
• está encendida
```

1. Esta lavadora .... cada semana, tenemos que comprar una nueva.

2. Marcos ha vuelto a poner demasiada ropa en la lavadora y la ....

3. Llama al servicio técnico, la lavadora .... otra vez.

1. Estos chicos son un desastre, ... sus zapatillas de fútbol cada mes.

2. Ten cuidado con los jarrones, que .... con facilidad.

3. Tenemos que hacer una reclamación al servicio de mudanza: el sofá y los sillones ....

1. Apaga la luz del pasillo, que .... y está gastando electricidad.

2. El conserje .... las lámparas del colegio todas las noches.

3. Esta lámpara es automática, ... cuando hay poca luz.

11 CONECTORES DE LA CONVERSACIÓN

Dos amigos están planeando su fin de semana. Completa sus intervenciones con los recursos correspondientes en cada caso.

- **sí, sí, llámala, llámala**
- **venga**
- **oye**
- **y ya está**
- **no, no, ni hablar**
- **mejor**
- **qué pena**

(Llama la atención del interlocutor) ...., **Mario, ¿qué hacemos este domingo? ¿Te apetece ir a la playa?**

Mmm... (ofrece una idea alternativa) .... **vamos a la sierra, ¿no?, no me apetece estar todo el día tumbado tomando el sol.**

(Muestra decepción) .... **a mí me apetece mucho, pero bueno, de acuerdo, hoy vamos a la sierra y otro día a la playa. ¿Qué te parece si llamo a Luisa? Le encantan las excursiones.**

Ah, pues (le anima a hacerlo, le da permiso) ...., **perfecto. Dime qué te dice y os invito a todos a comer en algún sitio por allí.**

(Rechaza la oferta) ...., **que es muy caro. Yo me encargo: preparo bocadillos, compro bebidas** (señala que el asunto está resuelto) ....**.**

(Señala que quiere finalizar la conversación): ...., **de acuerdo, pues hablamos mañana y lo acabamos de organizar.**

 12 RELATAR EN PASADO

Aquí tienes algunos hechos importantes en la vida de Rodolfo. Haz hipótesis sobre en qué orden sucedieron y redacta una pequeña biografía.

- Estudió la carrera de Traducción.
- Se fue a trabajar a Disneyland París.
- Hizo un máster para profesores de lengua en Estados Unidos.
- Trabajó de profesor en una academia de español.
- Vivió un tiempo en Inglaterra.
- Estuvo trabajando varios años en un estudio de traducción.
- Ahora da clases en una universidad alemana.

 13 🔊 **38**

Escucha a Rodolfo contando qué hizo después de la universidad y comprueba tus hipótesis.

14 ┃ TIEMPOS DEL PASADO Y PERÍFRASIS

Observa las imágenes y completa las frases de la autobiografía de Víctor Martín Arrau.

1. (Nacer) .... en un pueblo muy

pequeño, Fuentemilanos,

y (vivir) .... allí diez años.

2. Cuando (tener) .... **10 años**

nos (ir) .... **a vivir a Madrid. Un día, cuando**

(pasear) .... **con mi padre por la calle,**

(ver) .... **a un señor que** (tocar) ....

el violín.

3. Aquel día (decidir) .... **ser violinista.**

Desde 1995 hasta 2000 (estudiar) ....

en el conservatorio de Madrid.

Allí (conocer) .... **a Carmela,**

una chica que (tocar) ....

el violoncelo y que (trabajar) .... **en**

una cafetería. (Empezar) .... **a tocar**

juntos, (dar) .... **muchos conciertos**

y, al cabo de unos años, (casarse) ....

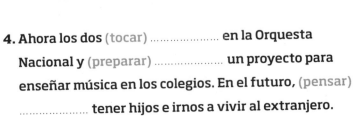

4. Ahora los dos (tocar) .... **en la Orquesta**

Nacional y (preparar) .... **un proyecto para**

enseñar música en los colegios. En el futuro, (pensar)

.... **tener hijos e irnos a vivir al extranjero.**

15 **PREGUNTAS Y RESPUESTAS SOBRE EL PASADO**

Escribe todo lo que van a hacer próximamente Álvaro y Esmeralda. Utiliza **ir** + infinitivo y **pensar** + infinitivo.

Álvaro	Esmeralda

16 **PREGUNTAS Y RESPUESTAS SOBRE EL PASADO**

Aquí tienes algunas notas sobre la vida de dos personas. ¿Coinciden con la vida de alguien de tu clase? Haz preguntas a tus compañeros para decidirlo.

Carlos (México)
Primero estudió un tiempo en la universidad. Luego decidió irse al extranjero. Conoció a una chica y empezó a salir con ella; encontró trabajo y se quedó un tiempo más. Luego rompió con su novia y decidió volver a su país.

María (España)
Primero tuvo distintos trabajos: trabajó de camarera, de dependienta... Luego entró en la universidad, pero su carrera no le gustaba y empezó a estudiar otra cosa. Casualmente, encontró un trabajo muy interesante, no muy bien pagado, pero que le encantaba, y se dedicó a él. Con este trabajo ha viajado bastante y ahora está pensando en poner un negocio propio.

17
Seguramente las biografías de tus compañeros no son exactamente iguales a los relatos anteriores. Anota qué hechos son diferentes.